*Obra psicografada por Leo Fernandes e
ditada pelo espírito de*

Carlo Abrano

Espiral

Seguindo Novo Acordo Ortográfico

© *2009, Editora Isis Ltda.*

Supervisão Editorial: Gustavo L. Caballero
Diagramação Digital: Alexandre M. Souza
Criação da Capa: Adriana Lazarini Sales
(Método Design)
Foto capa: Flávio Takemoto
Revisão de Textos: Fabricia Carpinelli Romaniv
ISBN: 978-85-88886-42-1

É proibida a reprodução total ou parcial desta obra, de qualquer forma ou por qualquer meio eletrônico, mecânico, por processos xerográficos ou outros, sem a permissão expressa do editor. (lei nº 9.160 de 19/02/1998).
Todos os direitos para a língua portuguesa são reservados exclusivamente para:

 EDITORA ISIS, LTDA.
contato@editoraisis.com.br
www.editoraisis.com.br

Homenagem

Aos Espíritos protetores que ao longo de minha pequena existência, estiveram presente mesmo nas horas em que eu encontrava-me distante!

DEDICAÇÃO

Ao entrarmos na vida física pelas sagradas portas da reencarnação, os laços consanguíneos são estruturas primordiais em nossa nova jornada. Ao longo da vida, em qualquer situação os amigos são irmãos que participam de nossos sucessos e são alavancas de sustentação quando um desses pilares encontra-se em declínios diante dos nossos fracassos.

Pelas mãos de amigos somos amparados, amados e protegidos!

Tive a aquiescência, e o carinho da espiritualidade, de poder prestar essa singela homenagem a uma amiga, que em momentos extremos de minha vida mediúnica, ela com seu amor ao plano espiritual e dedicação, veio ajudar-me a dar continuidade ao trabalho vigente.

Minha eterna gratidão à Bárbara Martins Cardoso!

Leo Fernandes.

Introdução

Quando abraçamos a Causa Espírita, muitas vezes ficamos a imaginar: que vida 'vivemos' anteriormente, que nos expôs a tantas glórias e entrelaçamentos tão interessantes?

Com o hábito usual de hoje, de nos espelharmos em novelas "melodramáticas" e romances baratos, estamos sempre a nos imaginar no lugar da Bela Adormecida, do Príncipe Encantado ou ao menos no lugar do Protagonista de maior destaque.

Isto por que a "insignificância" de nossa Vida Atual nos leva a refletir sobre a "provável" improbabilidade de que mais de 6.000.000.000 de almas encarnadas e algo em torno de 21.000.000.000 de almas desencarnadas possam ter um tratamento assim diferenciado.

Isto pode parecer um paradoxo.

Se de um lado a filosofia espírita nos induz ao crescimento individual através do conhecimento das leis Universais e do processo de evolução espiritual pelas leis do Carma e do processo reencarnacionista, por outro a ignorância das ditas "massas" mantida a ferro e fogo por aqueles que insistem em manter o "Comando da Humanidade" nos coloca ao rés do chão.

Desta forma a grande maioria dos ditos "mortais comuns" não se veem enquadrados como "peças importantes" na engrenagem universal.

Todavia o velho hábito dos "Mandantes", principalmente na Seara Religiosa e na Política, ainda nos mantém na ignorância e nos impedem de sequer a Mente alçar grandes voos.

E por muito tempo continuaremos a nos achar pequenos, insignificantes e não "dignos" de algum destaque no plano espiritual. Pois ao olharmos ao nosso redor, vemos que seria muito pouco provável que "esta nossa vidinha esdrúxula e a nosso ver insignificante" não se enquadraria em tão belos quadros como mostrados nas Vidas de tantos Espíritos de Escol.

Quem não gostaria de ostentar o titulo de Faraó do Egito, ou rei ou rainha, presidente ou senador de qualquer República, Joana D'Arc., Tiradentes ou qualquer outra "Vida Ilustre" em seu currículo de encarnações passadas?

Mais uma vez, com as bênçãos de Deus, hoje com a graça da facilidade de entendimento depois de Kardec, podemos refletir melhor sobre estas questões íntimas.

Carlo Abrano, em uma feliz narrativa, nos induz nesta Espiral a revolver em nós próprios estes conceitos infantis e nos coloca novamente no rumo das escaladas individuais.

Em direção a evolução e enquadramento no universo das almas em direção ao Cristo, poderemos aqui nos identificar como Irmãos do Cordeiro de Deus.

De forma muito prática atestaremos no desenrolar desta Saga que não poderemos nunca nos sentir nem alheios nem desamparados pela espiritualidade maior, independente da "insignificância" aparente que esta nossa vida possa mostrar.

Aqui está um alento, com exemplos comuns, em roteiro de vidas atuais e muito próximos de nós, principalmente brasileiros, a nos ajudar neste que "parece" um Paradoxo. Não, nenhuma vida que ilustra, vegeta ou pareça estupidamente inútil está como bolhas n'água diante da Marcha deste Orbe, ninguém, mas nenhuma Alma Vivente Encarnada ou Desencarnada sequer está desamparada.

Aqui está para quem tem olhos de ver e coração de sentir, um testemunho do que fomos, estamos e seremos sempre amparados por aqueles que estão somente um passo adiante de nós.

Como no aforismo da Escada de Jacó, sempre teremos aquele que está no degrau da frente a nos estender a mão amiga, bem como a de nos lembrar;

Deixar uma Mão Estendida para aquele que vem atrás.

J. Livramento

ÍNDICE

Capítulo 1 11

Capítulo 2 17

Capítulo 3 27

Capítulo 4 37

Capítulo 5 43

Capítulo 6 51

Capítulo 7 61

Capítulo 8 69

Capítulo 9 77

Capítulo 10 87

Capítulo 11 95

Capítulo 12 105

Sobre o Autor 117

Capítulo 1 2 3 4 5 6 7 8 9 10 11 12

Em suas parábolas, o nosso amado mestre Jesus nos deixou seus preciosos legados, dizendo a nós em uma delas que "na casa do Pai há muitas moradas" existentes, porém não circunscritas.

O Penhasco de Gisé era uma delas. Uma colônia de repouso destinada a espíritos de relativos conhecimentos, onde entre a vida física e a espiritual reciclavam seus feitos, espíritos estes que ao reencarnarem suas funções eram levar um pouco de esclarecimento contribuindo com a evolução social do País em que viveriam. Seus conhecimentos, apesar de humildes perante a espiritualidade maior, eram de profunda necessidade, uma vez que a humanidade é heterogênea e a ignorância ainda impera em todos os sentidos, valendo-se do famoso ditado: o pouco com Deus é muito!

Ao saírem do Penhasco, suas promessas no campo da cultura, saúde, educação, religião; seus compromissos eram sérios e imbuídos de boa vontade e desprendimento, mas ao retornarem quase sempre, seus feitos em algumas vezes traziam consequências desastrosas ao bem coletivo.

Muitos no campo da ciência, suas contribuições eram miraculosas, desenvolviam através de suas pesquisas curas para as doenças, na área da tecnologia e da física, verdadeiros lastros de progresso que o tempo jamais apagaria a partir destas descobertas. O futuro seria melhor e a humanidade beneficiada.

Paralelo a isso, a vaidade íntima e o orgulho às vezes os comprometiam de maneira particular ou coletiva, deixando-os em condições lastimáveis enquanto desencarnados. A filosofia tão necessária ao bem comum deveria ser na vida o prato principal onde o ser aprenderia a pensar por si só, resolvendo suas angústias íntimas, uma parcela da vida esquecida de propósito correndo na contra mão da ignorância, quanto mais dependente melhor. Realizavam verdadeiros saraus para os doutores, a portas fechadas para os ditos especiais, enquanto o ser humano continua escravizado sendo vitima de crendices esdrúxulas. Nas escolas tanto públicas e privadas essa matéria passa sempre despercebida, causando uma dependência coletiva á espera de milagres ou de um salvador.

No campo religioso, espíritos que se compromissavam antes de suas descidas ao plano físico, cônscios de suas responsabilidades, chegando aqui ateriam a letra que mata, esquecendo-se do espírito que vivifica. Reforçando o coro dos que se dizem representantes de Cristo, tornando-se os vendilhões dos templos em épocas modernas.

Portanto, os residentes do Penhasco de Gisé não são espíritos inocentes, deveriam ser já irmãos capacitados para almejar vestir a "toga nupcial " e sentar à direita do Cristo!

Entretanto, ao retornar a essa colônia suas culpas, derrotas íntimas e coletivas os tornam doentes, o seu despertar trabalhoso requerendo cuidados por parte dos integrantes do Lar dos Amigos!

Quando somos ainda almas infantis, nossos erros atingem e somos atingidos em proporções pequenas a nível familiar e restrito, não deixa de ser grave e prescindir a reparação, mas, uma vez já um pouco evoluído nossos erros, às vezes atingem uma nação inteira. Muitos deles ao retornarem se revoltam com as leis Divinas, essas não atendem nossos gostos, são retilíneas em direção da luz.

O Penhasco encontra-se em região de rara beleza ao pé de uma montanha, suas portas e janelas voltadas para frente, ficando os fundos tendo como paredes a própria rocha. Cercado por uma muralha, parecida com as muralhas da China, onde havia guaritas com suas sentinelas fazendo ronda. Seus jardins perdiam-se de vista, com flores e animais silvestres compondo um quadro digno de ser chamado um pedaço do céu! Cachoeiras de águas cristalinas completavam o toque da magia.

Todas essas belezas, para muitos com seus corações carregados de angustias, não passavam de um presídio disfarçado, sentiam-se aprisionados sem liberdade de tomar decisões. Irmão do plano inferior não possuía acesso a essa área existente, porém não vista!

As acomodações compunham cinco blocos. Havia o setor daqueles que já se encontravam conscientes, despertos e uma repartição dos que dormiam o sono reparador. Ali o despertar era de extremado cuidado. Uma Repartição para os doentes em desequilíbrio, e também espaços para reuniões e acertos, muitos ali já tiveram suas vidas físicas entrelaçadas sendo alguns verdadeiros amigos.

Os despertos se relacionavam como uma comunidade qualquer.

O vale dos Florais separava as acomodações dos responsáveis por esse trabalho. Flores, perfumes, borboletas multicoloridas, pássaros, arco-iris, todo esse encanto estava à disposição de seus moradores.

O lar dos amigos abriga espíritos de ordem mais elevada, conhecedores das mazelas humanas, pois já trilharam esse caminho.

Suas vidas pregressas, coroadas de feitos entre o bem e o mal, que aos poucos foram decidindo pela jornada do Cristo. Ainda são espíritos carentes de inúmeras reencarnações futuras, mas são colaboradores capacitados para tal tarefa.

As construções do Lar são compostas de quatro departamentos, onde estudam e traçam planos em ajuda aos irmãos que precisam. Ao ser visto, parece um castelo de conto de fadas com seus telhados em formato de cones. Varandas por todos os lados e corredores interligados; pelas janelas avistam o vale e o Penhasco imponente, sentem orgulho de pertencem temporariamente a um lugar como aquele.

A responsabilidade desse lugar fica á cargo de Solano de Spásia. Espírito de conhecimento e amor, cuja sua última encarnação no plano físico deu-se em mil trezentos e vinte e seis anos depois de Cristo. Sua jornada em direção ao amor universal começou depois de um dos massacres na via Apia. Fora um soldado romano, lutou contra o exercito de Aníbal, onde ceifou inúmeras vidas até sentir o desgosto de ver tanto sangue derramado.

Sua consciência começou a incomodar, não estava certo!

Ninguém tinha o direito de decidir quem viveria ou morreria! Ainda mais que quem viu seus amigos e familiares perecerem por questões que não lhes diziam respeito. Foi despojando aos poucos dessas mazelas, cada vida seguinte menos mortes em suas mãos e por consequências seus carmas sendo cumpridos. Hoje desempenha tão digna função juntamente com irmãos caridosos e compromissados com o evangelho.

Estava Solano realizando um trabalho quando avistou irmã Agustina. Olhou-a com carinho, observando seu andar rápido. Sua veste era um hábito de freira bem passado e engomado, fazendo barulho com seu andar apressado. Caminhava em direção de outro compartimento, Agripino a esperava. Ela percebeu ser observada, olhou-o com seus olhos azuis, sorriso amplo, retribuindo com acenar de cabeça. Essa indumentária espiritual era em homenagem a uma de suas vidas, onde pode verdadeiramente comprovar a bondade Divina!

Nessa vida, como Maria Agustina Sabre, morava em uma região montanhosa aonde veio a falecer seu esposo e filho. Fizeram uma viagem a negócios e a nevasca naquele ano castigou os moradores daquele lugar, quando foram encontrados já fazia três meses que haviam falecidos, essa confirmação foi possível com a queda do inverno.

Se vendo sozinha, desceu a Toulouse, ingressando na vida religiosa. Quando veio a peste espanhola, juntamente com a primeira grande guerra, Irmã Agustina já estava na ordem há oito anos. Como naquela época a ciência andava a passos lentos, foi considerada herege. Poucos sabiam da existência das doenças infecciosas e transmissíveis ficando assim as sensações de duas tragédias, a humana e a Divina!

A guerra de um lado ceifando vidas de maneira desnecessária, exatamente como ainda acontece hoje em todas as guerras, os jovens de saúde física em plena força de trabalho são os primeiros a serem sacrificados em nome de uma suposta honra.

A peste não poupou ninguém, ricos e pobres foram nivelados, fortunas inteiras danificadas, famílias esfaceladas. Em algumas não sobrou nenhum sobrevivente para contar história. Casas queimadas, corpos em estado de putrefação, jogados ao relento aqui e ali em decomposição á céu aberto.

O caos foi instalado!

Agustina juntamente com algumas irmãs da ordem saiu da cidade em busca do campo e ao longo do caminho foram recolhendo órfãos que por milagres haviam sobrevivido. Chegando a um vilarejo abandonado encontraram dois senhores já velhos, sendo estes únicos sobreviventes daquela pequena comunidade, ajuntaram-se, escolheram uma das casas e fizeram dali seus paradeiros, estando já com elas perto de quarenta crianças.

Ao longo dos anos, viu as pessoas ajeitarem suas vidas aos poucos; o inverno rigoroso, com alimentação escassa, viviam de hortas e pequenos animais.

Muitas das crianças eram doentes, muito desnutridas, com poucas roupas, foi sim uma jornada de trabalho e luta, a fé e a coragem eram suas armas poderosas. Por conta dessa situação, um desses senhores era cigano e conhecia a cura através das ervas, e Agustina tornou-se uma grande conhecedora, juntando sua boa vontade e seu grande coração, tornou-se uma alquimista, curando as pessoas além dos seus pupilos. A sociedade foi se organizando, a Igreja saiu soberana dessa tragédia com alguns membros importantes sendo mortos e outros foram substituídos.

Nessa vida Agustina percebeu que para sermos cristãos, não há necessidade de grandes feitos, se temos boa vontade, Deus faz o resto! Pois elas nada tinham além de fé e trabalho.

Monsenhor Hernani Réquiem ao tomar conhecimento de suas curas através das ervas, sendo ele Cardeal da região, começou a seguir Agustina de perto. Segundo ele, ela praticava bruxaria. Visitas inquisitivas, perguntas sem conta, sondagem pelo vilarejo, conversas com os que foram curados. As suas respostas eram coerentes plausíveis, mas nada aplacava suas desconfianças.

Agustina viveu nesse lugar por quarenta e dois anos, viu seus pupilos casarem formarem famílias, imprimiu em seus comportamentos a luta pela vida, a fé em Jesus, ensinou a necessidade da batalha sem esmorecer.

Sepultou seus amados amigos, foi amada pelos seus e amou muito!

Para seu espanto, um dia foi recolhida ao mosteiro vindo a ser enclausurada em uma cela minúscula sem comunicação com ninguém a não ser sua superior. Um pequeno canto de jardim com muros altos e um banheiro lá fora, não davam nem dois metros de espaço. O sol da manhã era sua companhia e as estrelas suas esperanças! Sua alimentação era passada pela abertura da porta de carvalho e a irmã que trazia era proibida de falar com ela.

A inquisição abolida perante a Sociedade não chegava à intimidade dos postulados da ordem a que ela pertencia.

Foi sim considerada herege e desvirtuada!

No início ficou muito triste questionou Deus onde estava a justiça? Percebendo que, mesmo depois de uma tragédia daquela aonde veio atingir várias nações, o dogma era sempre soberano.

Adoeceu fisicamente, mas sua fé em Jesus foi irredutível. Teve tempo de sobra para rever seus feitos, erros e acertos, perdoou o engano de seus supostos algozes, vindo há desencarnar oito anos depois, aos setenta a quatro anos.

Foi tão perfeito o seu entendimento nas questões humanas, seu amor tão absoluto e especial, que depois do sono reparador foi convidada a trabalhar no Lar dos Amigos, prestando assistência aos irmãos residentes temporários do Penhasco de Gisé.

Sabia que sua evolução não tinha fim, e ainda era sim, atrasada nas questões universais, mas enquanto isso estava ali, à disposição, entre amigos, ajudando irmãos em Cristo e nesse momento ia encontrar seus parceiros: a família Rodríguez precisava de ajuda urgente.

Agripino e Jucelim estavam a sua espera, fizeram suas preces e saíram. Desceriam ao plano físico, era um trabalho minucioso, exigia cuidado!

Amadeus era um dos membros do Lar dos amigos e estava quase fazendo morada na casa dos Rodríguez desde o nascimento de Miguel. O socorro se fazia necessário, energias negativas impermeavam o ambiente familiar, o desequilíbrio perturbava as emoções do garoto.

A equipe de socorro saberia como ajudar, rever entre aquela família os compromissos assumidos na espiritualidade antes dos seus encarnes. Em estado de expectativa Amadeus esperava seus amados amigos!

Capítulo 1 **2** 3 4 5 6 7 8 9 10 11 12

Jonas estava no trânsito. Era final do dia, precisava chegar em casa logo. Estava cansado, foi um dia difícil, sendo chefe de setor de uma montadora de veículos havia sobre suas responsabilidades vários funcionários e a pressão das entregas no dia marcado.

Precisava encontrar um meio de sair de Santo André, gostava dali, era sua vida, mas hoje estava cada vez mais difícil. As buzinas dos carros ao lado, o burburinho enchia sua cabeça, ultimamente isso estava irritando. Sem contar o "problema" que a vida lhe deu, e como será que estavam em casa?

Conheceu Doralice em uma festa de amigos, não era uma moça de grande beleza. Era cativante, inteligente, sorriso fácil; apaixonou-se por ela em pouco tempo e percebendo ser recíproco, o casamento veio á oito meses depois. Um casamento simples, só para familiares e amigos. Como era já um homem feito, precavido, já possuía seu apartamento sendo assim era só dar continuidade á vida!

Seu amor por ela era verdadeiro, mas havia alguma coisa que ele não sabia explicar, um pressentimento de que algo estava fora do lugar. Com o tempo, foram se conhecendo. Ela era irreverente, aparentava certa indiferença para as questões sociais.

Enquanto ele era preocupado com o bom viver, em ajudar os mais necessitados, desprendendo seu tempo e doações quando era procurado, ou até mesmo por iniciativa própria, ela passava ao largo dessas questões. Por parte dela não havia nem bens materiais e muito menos seu tempo. Jonas teve que trabalhar essa decepção e entender que somos diferentes, quem sabe com o tempo ela conseguiria ver que não podemos passar a vida como se fosse um parque de diversão.

Ajeitou essa questão em sua cabeça de forma que seu amor por ela não fora arranhado!

Já havia passado sete anos e nada de filhos. Jonas queria ir ao médico para ver se alguns dos dois estava com problemas, ela não quis. Dizia que se um dia engravidasse, que fosse por Deus. E um dia aconteceu. Jonas não cabia de felicidade, o tão esperado filho estava a caminho, depois dessa confirmação ficou bobo, saia na rua e tudo que via queria comprar.

Era um sonho perceber tanta coisa linda que havia num simples enxoval de bebê. Sem contar a esperança de que esse filho viesse a extirpar sua angústia que morava no fundo da consciência e que vez ou outra teimava em aparecer, quem sabe essa criança assentava Dora do seu lado e ele perdesse essa sensação de que a qualquer momento ela iria.

Foi uma gravidez saudável, sem grandes transtornos, apenas um. Esse era preocupante!

Enquanto ele não se cabia de felicidade, ela não mostrava a menor preocupação, não correu atrás de nada, tudo que ele trazia estava bom. A maternidade não mexeu com seus sentimentos. Seus amigos tinham dificuldades de conter suas esposas, diante da angústia saudável em ver o filho curtiam juntos, com Dora não!

Continuou impassível, fez pré-natal embaixo de briga. Segundo ela, essa era uma novidade desnecessária, suas avós não fizeram isso!

Ficou decepcionado, mas já sabia como era seu temperamento.

No dia esperado, um casal de amigos estava com ele na sala a espera do final do parto. Quando o médico chegou e disse-lhe que bebe e mãe passavam bem, mas havia um problema, seu mundo desmoronou. Seu filho era relativamente saudável, mas era portador da síndrome de Down.

Sentou no banco com as mãos entre o rosto. Tanta coisa passou pela sua cabeça, seus amigos emudecidos, ele pediu licença e saiu. Foi em direção à capela da santa casa e ali chorou. Não sabia como dizer a Dora uma coisa dessas, mas havia que ser dito, ele precisava de ajuda e muita.

Como dizer a ela que levariam uma vida de doação, de renuncia em prol do filho? Que teriam que ser unidos para suportar as dificuldades? E ela como veria esse fato?

Antes de sair da capela prometeu a Deus jamais desamparar seu filho acontecesse o que fosse! Limpou o rosto e saiu para cumprir tal missão. Nunca iria conseguir apagar da sua mente a decepção estampada no rosto de Dora. Era como se ela estivesse culpando-o.

Parou o carro em frente uma farmácia, desceu para comprar remédios para Miguel, seus calmantes acabaram, riu de si mesmo devia ter pedido ao médico um pouco, estava precisando.

O destino brincara consigo, esperava que esse filho ajudasse seu casamento e era exatamente ele que estava pondo fim. Nos primeiros anos foi difícil, remédios para todo canto da casa; desde cedo começaram a fisioterapia, noites mal dormidas sem contar. Uma dose extra de paciência e amor!

Amigos afastados, inibidos de sua condição.

Dora completamente estressada teve que sair do serviço definitivamente para cuidar o filho, por dois anos. Foi o caos. Ele não sabia como ela ainda estava com eles, hoje ela já voltou a trabalhar e Miguel está com cinco anos ficando em uma creche especializada.

Nessa semana ele entrou em crise, chorava muito, nervoso irritado e agressivo. A creche mandou chamá-los, a criança precisava ser amada!

A psicóloga foi curta e grossa. Ele sentiu vergonha, essa carapuça não era dele. Dora havia voltado ao trabalho, era eficiente e punha seu serviço em primeiro plano, era uma boa desculpa para fugir de sua responsabilidade.

A tristeza de Jonas tinha fundamento, ele ganhava bem, ela podia dedicar-se ao filho, não teriam luxo e abundância, mas também não seria uma condição de penúria, bastava um pouco de amor e viveriam bem.

Com essas elucubrações, estacionou o carro na garagem e subiu ao elevador. Mal chegou em frente a sua porta e já ouviu o rádio bem alto. Ela estava fazendo isso ultimamente quando Miguel começava a chorar, ela trancava-o em seu quarto e fazia de conta que não via, segundo ela, era para educá-lo.

Girou a chave da porta e entrou, sua casa parecia não ser sua. Depois de um dia cansativo, tudo que precisava era paz. O sangue subiu em seu rosto! Precisou de uma dose cavalar de paciência para não abordá-la, passou reto para o quarto do filho, destrancando a porta e abraçando-o. A tristeza ultimamente estava extrapolando, se Deus não lhe ajudasse não seria suportável!

Miguel ao vê-lo passou o braço em seu pescoço e chorava mais ainda! Ele falou baixinho em seus ouvidos palavras de carinho, sentou no tapete com ele no colo, segurou suas mãozinhas gordinhas entre as suas e as beijava...

Pouco depois ele foi acalmando e Jonas cansado tirou os sapatos e deitou junto dele alisando seus cabelos, acabaram adormecendo os dois.

Amadeus que aguardava esse momento preparava o ambiente para chegada dos amigos do Lar, dirigiu até Dora e falou em seus ouvidos: vá ver sua família! Dora largou o prato que já havia jantado, levantou e foi até o quarto e olhou os dois sentindo indignada com a cena vista.

Foi saindo quando *Amadeus* disse-lhe impositivo: apague a luz!

Ela obedeceu como se fosse uma marionete, saiu e foi para a sala, ligou a TV. *Amadeus* novamente incisivo disse-lhe em seus ouvidos: abaixe o som e deite-se. Ela obedeceu sentindo um cansaço repentino e pouco depois adormeceu com os passes de Amadeus.

E seus amigos chegaram.

Ficaram todos consternados com a situação, Agustina saiu conduzindo o espírito de Miguel, Agripino com Jonas e Jucelim com Dora.

Amadeus permaneceu no apartamento cuidando seus corpos físicos, esse trabalho era dispendioso. Cuidar para que entidades infelizes não atrapalhassem esse sono elucidativo onde seriam beneficiados os três.

Solano de Spásia amava aquele lugar, poderia chegar ao Penhasco com um simples pensamento, mas gostava de entrar a passos lentos observando a beleza infinita. Caminhava pelo vale dos florais e entrava pelo portão da muralha, seus olhos não cansavam de admirá-la.

Seu porte alto, ombros largos, cabelos pretos bem curtos, nariz reto, olhar inteligente como se penetrasse a mente de quem atrevia encará-lo, impunha um respeito natural. Trajava uma túnica branca estilo romana tendo um cinto de cobre cingido à cintura, suas sandálias de couro trançadas nas pernas completavam uma visibilidade perispiritual de rara beleza.

Os animais acompanhavam-no alegres e saltitantes. O canto dos pássaros enchiam seus ouvidos, esses encantos davam-lhes forças para continuar sua árdua tarefa ainda mais quando se referia a amigos de outras épocas.

Entrando na sala estava a sua espera Laura e Rubião. Pedindo licença a Rubião, iniciou seu trabalho. *Laura* o esperava. Uma nova oportunidade de reparação estava a caminho, sentia-se angustiada, primeiro pela partida em si, segundo ela já havia sido notificada de suas condições e não eram nada interessante.

– Como vai *Laura*, vamos conversar?

– Vamos sim amigo, não ha outro jeito não é? Laura com os olhos avermelhados e a voz embargada disse:

– Solano como eu vou conseguir aceitar assim essa amargura meu irmão?

– Por favor, me ajude? Eu sei! Errei muito, mas... Como nascer assim? Aleijada em uma cadeira de rodas, não poderei nem levar comida na minha boca, ouvirei e não poderei responder, será Solano que não há um jeito de minhas cordas vocais serem normais?

– Terei gruído em vez de voz! Serei um peso morto trazendo trabalho a quem cuidará de mim. Deve haver outra maneira Solano, tem que haver!

Eu não consigo aceitar não é justo! Você precisa entender, por favor?

– Querida irmã, vamos analisar do fim para o começo.

Terás ao seu lado um espírito amigo, que já foi seu laço consanguíneo por várias vezes, sendo este nessa vida seu pai. Um irmão forjado no conhecimento e amor, não a abandonará por nada nesse mundo, aceitou essa responsabilidade por amor a você.

Enquanto ele com esta oportunidade aproveita não só para sanar compromissos, como para fixar sua condição de desprendimento e amor ao próximo.

Enquanto ele faz seu trabalho, você realiza o seu, o desejo dele é simplesmente vê-la progredir.

Quanto a você, sabes bem que seu perispírito precisa despojar do que trouxe dessa sua última vida. Seus atos comprometedores acarretaram para ti, mazelas oriundas de sofrimentos de outros irmãos, você interferiu em algo que não lhe dizia respeito, mesmo que na época fosse sua verdade.

Eu compreendo sim sua dor e sei também que quando estamos encarnados muitas vezes achamos que estamos certos. Podemos sim fazer muita coisa, cometer muitos erros, ha vários tipos de mortes, as mortes sentimentais, e a morte física e você infelizmente cometeu as duas.

Laura abaixou a cabeça e seu soluço encheu o ambiente.

- Se você, minha grande amiga, sair daqui aceitando seu carma, com desprendimento e responsabilidade, sua expressão será de extremada ternura, todos que a virem sentirão pena e comiseração.

Será amada! Despertará nas pessoas o que tem de melhor, nossos encontros no repouso físico serão de alegria e proveito. Ao passo que se você não aceitar, sairá daqui em estado de rebeldia, garanto-lhe nascerás do mesmo jeito. O trabalho da reencarnação é inexorável não depende de nós!

Nessa questão não importa o seu, e o meu querer.

Ao ser vista pelos encarnados despertará asco e repulsa, pois sua expressão transmitirá toda sua amargura. Absorverá das pessoas o que de pior existe, nelas serás como uma esponja captando suas tristezas e será dupla a sua dor.

Quanto a mim, minha amada, eu bem que gostaria de poder mudar o seu carma e o de todos meus amigos, pois que assim os considero. Mas isso eu não posso, não consegui mudar nem ao menos o meu. Para seu consolo eu também tive e ainda tenho minhas amarguras ao longo de minha caminhada e revoltei-me inúmeras vezes com o Criador. Caindo cada vez mais em abismos consideráveis, foi muito difícil compreender que era o retorno minha redenção.

Eu não aceitava a Obediência aos postulados de Jesus.

Que o Evangelho é um código de bom viver, que o universo não está lá em algum lugar, eu sou um universo inserido no contexto do amor Divino! Não foi trabalho fácil. Eu era orgulhoso ao extremo, passei por caminhos desastrosos, e hoje estou aqui fazendo esse trabalho gratificante, porém amargo, pois que suas dores são divididas comigo.

Espero que ponderes sua condição e me responda, como queres sair daqui?

Laura pediu desculpas dizendo que ia sim pensar e depois responderia, saiu da sala, pedindo para que Rubião entrasse Solano o esperava.

Jucelim com extremado cuidado realizou o despertar espiritual de Dora. Esta ao se ver na sala conhecida, numa das dependências do Penhasco de Gisé caiu em desespero.

– Irmão Agripino me ajude, eu sofro muito!

Miguel ainda dormia e foi levado por Agustina para outra sala, ficando Jonas com sua mulher, esse também já desperto.

– Então cara amiga, por que tanta angústia?

– Agripino pelo amor de Deus, eu não consigo fazer o que me foi proposto, eu não amo Miguel, achei que seria capaz, mas não sou! Não sinto amor e nem pena, me é um estorvo, não consigo conviver com essa responsabilidade. Estou arrependida do compromisso assumido.

Agripino deixou-a desabafar, quando ela se calou, ele começou sua explanação.

– Doralice minha cara, perdoe-me, mas temos que rever seus votos! Da forma que colocas, parece que alguém está lhe impondo um fardo pesado em seus frágeis ombros. O seu caminho foi pautado no desamor e falta de respeito por quase todos que passaram em sua vida.

Foram tantas amarguras que você esqueceu-se das vezes em que foi decente. Para não sermos cansativos, vamos atinar apenas as suas duas últimas existências.

Abandonou seu companheiro, deixando-o com três filhos de colo. Saiu pelo mundo à caça de luxo e vaidade. Ao saber da morte do pai das crianças, você em uma atitude nobre a princípio assumiu seus filhos. Ao retornar em seu ambiente, vendeu os dois mais velhos, tornando-os escravos nas mãos de um minerador, vindo a desencarnar antes de completarem doze anos, sendo vítimas de maus tratos em uma mineradora.

O menor foi vendido a um imediato de navio clandestino, fazendo trabalhos não compatíveis com sua idade, emagreceu e doente desencarnou vítima de peste bubônica. Seu pequeno corpo jogado ao mar sem a menor piedade.

Tiveram seus destinos traçados pela crueldade e desamor, usou do seu livre arbítrio como bem quiseste. O dinheiro arrecadado serviu para compras de adornos que lhes enfeitavam o corpo!

Hoje essas crianças estão encarnadas em lares equilibrados, com pais amorosos que gastam fortunas em psicólogos na tentativa de entender o porquê de tanta insegurança em suas almas uma vez que são amados! Sentem como se a qualquer momento serão abandonados pelos seus pais.

– Novamente foi lhe dada outra oportunidade!

Dessa vez você nem deixou nascer, abortou esse espírito que a odeia e se encontra em lugares escuros à espreita de seus deslizes para realizar sua vingança. Uma menina você a prostituiu vendendo seu corpo inocente, fazendo-a trabalhar para ti. Esta ainda se encontra reencarnada, velha e amargurada, sua vida desgraçada, seus pensamentos tristes atingem você onde quer que te encontre. Hoje, Dora, muitas das sensações tristes, deslocadas que você sente vêm desses pensamentos infelizes de sua filha.

Solano de Spásia, juntamente com os colaboradores do local onde te encontravas, trabalhou muito a teu favor, pedindo uma nova chance e lhes foi concedida. Jonas é um espírito amigo que a ama de verdade, não se importou de carregar essa missão contigo enquanto ele trabalha suas emoções resolvendo seus conflitos íntimos.

– Você está certíssima, Miguel não é seu afim, mas é um irmão em Cristo. Ele precisa dessa reparação; juntos os três serão vencedores.

Fostes sim convidada a essa oportunidade e agora se diz arrependida?

Jonas de cabeça baixa não se cabia de vergonha!

–A presença de Miguel e Jonas em sua vida é chance que lhe foi conferida em nome do Pai! Se a perderes, voltarás a zonas inferiores onde te encontravas! Deus, Dora, não muda nosso destino, mesmo quando usamos do nosso livre arbítrio para fins escusos. Mas sendo nosso Criador e nos ama, então nos dá chance de reparação. Essa é sua oportunidade de aprender a amar, sendo mãe de Miguel.

Um estranho, já que não foi capaz de amar os seus mais próximos.

Dora de cabeça baixa, lágrimas grossas rolavam em seu rosto. Jonas ao lado de Jucelim envergonhado pela parte que lhe tocava pediu perdão a Jesus pelo cansaço. Ao se sentirem mais calmos, foram levados de volta ao corpo físico onde teriam um sono reparador!

Agripino ao vê-los sair sentiu uma dor no peito, era uma irmã que precisava de muito carinho, não sentiu confiança em suas atitudes. Ela ouvia, mas não estava disposta a seguir em frente, parecia um bichinho assustado onde o menor barulho correria para qualquer canto escondendo-se.

O desamor era força preponderante em sua mente, lamentou por ela analisando a jornada dessa irmã, comparou-a a si, ele era assim! Foi cruel, sem respeito pelo sentimento das pessoas. Precisou ser hóspede de lugares tenebrosos nos planos inferiores onde existe o "choro e ranger de dentes" para depois compreender o verdadeiro amor. Sendo um espadachim em reinado Chinês por várias vidas, por questão de cultura, sentia honrado em ceifar vidas sem piedade e muitas vezes a sua própria.

Já era consciente da reencarnação, embora que de forma meio destorcida, sendo, então, eterno, não valorizava a vida na matéria, como havia promessa de vida melhor na espiritualidade essa aqui era passageira e abreviar pouco importava. Levou muito tempo para entender a importância do vaso físico e o respeito pelo mesmo.

Cultuar os antepassados é sinônimo de respeito, realizar oferendas representa dedicação aos seus ancestrais, mas ceifar vidas e a sua própria em nome da uma suposta honra era outra coisa! Aos pouco essa tela mental foi sendo extirpada, depois de muito sofrimento.

A vida de Dora muito se assemelhava com várias das suas, embora que de forma diferente, seus comportamentos quando encarnados eram os mesmos. Orou e pediu a Jesus e a seu anjo de guarda que não a desamparasse.

Agripino conhecia a dificuldade de mudança interior. Era um trabalho silencioso, exigia esforço no sentido do bem e a estrada era estreita, com poucos colaboradores. Ao passo que a caminhada do mal é sempre glamourosa, cheia de atrativos, a vaidade é uma porta difícil de ser fechada. E essa irmã estava sofrendo!

CAPÍTULO 1 2 **3** 4 5 6 7 8 9 10 11 12

Miguel teve seu despertar tranquilo, Agustina o aguardava com carinho, sorriu ao vê-la, sentou na cama e já preparava para perguntar por Solano, quando o avistou se atirou em seus braços em consternados soluços. Solano acalmando-o perguntou o porquê de tamanho desespero sendo justo ele conhecedor de suas mazelas? O que aconteceu de tão grave estando assim em desequilíbrio?

– Meu amigo ajude-me, interceda junto de Jesus não posso continuar, quero voltar... Dora não me aceita, suas angústias atingem-me, ela sequer considera-me, sou um estorvo em sua vida!

Quando sai daqui, achei que conseguiria. Hoje vejo a dificuldade que me encontro. Não consigo desempenhar uma simples função compatível com minha idade. Mal sei escovar meus dentes, um peso para todos por onde ando. Angústias assolam minha alma.

Eu sei que não há laços entre nós, ela está minha mãe!

Não tenho palavras articuladas para expressar algo que a faça mudar de ideia, apenas meu sorriso débil e meu abraço que ela os repele constantemente. De resto remédios, brigas, e desgosto!

– E seu pai Miguel?

– Meu pai é amoroso, sinto de verdade. Sofre muito, mas há algo mais que eu não sei explicar, deve ser outras coisas não relacionadas a mim.

– Miguel, precisa encontrar equilíbrio e pensar. Sabes que Amadeus está contigo e seu anjo de guarda sempre presente, sua ligação direta com Deus nosso pai! Quanto aos seus pais, saiba bem que estão na medida certa para suas necessidades. Já se passaram cinco anos do calendário terreno, lhes restam vinte anos, se desertares agora, terás que começar novamente e tudo indica que serás igual. Portanto, amigo, descanse um pouco; dê uma volta no jardim, ponderes, peça força à Deus e coragem para sair vencedor. Dora terá que fazer a parte dela, se ela não conseguir que não seja a mola propulsora da sua desgraça!

Miguel saiu da sala se despedindo mais calmo, sentou perto do lago e viu sua última vida passar em sua mente. O que acontecia agora era reflexo do que fizera com sua existência. Fora um grande músico no fim do século dezoito adentrando o século dezenove. Alma refinada ligada as artes, tocou em várias filarmônicas, músicas de compositores famosos que deixaram para a humanidade belezas inigualáveis até os dias de hoje insuperáveis!

Mas em sua particularidade viveu na obscuridade. Era apenas mais um entre tantos componentes. Quando nessa última vida teve a oportunidade de destacar seu talento valioso, acabou perdendo-se. Nasceu de uma família amorosa e humilde, desde tenra idade já perceberam seu gosto pela música. Aprendeu a tocar de maneira natural sem ajuda de ninguém.

A musicalidade em sua alma fazia todo trabalho em qualquer instrumento, para a surpresa da família e amigos. O sucesso foi chegando junto de sua juventude. Educado e compromissado foi se destacando entre os demais. Saiu do interior e, em pouco tempo, uma explosão de glória atingiu boa parte do planeta.

Tornando-se uma celebridade internacional, esqueceu suas raízes e seus familiares. Seus pais? Nunca havia tempo para eles! Destinava condições financeiras, mas não a presença no seio da família, mesmo por que os ditos fãs não permitiam. E com o tempo distanciou tanto que era como se tivesse nascido do nada. Assessorado pelos seus agentes gananciosos, a mídia sem trégua não era mais passível de liberdade. Quando seus amados pais o visitavam, ou estava dormindo descansando, ou entediado para prestar as devidas homenagens, era como se suas pequenas vidas não fizessem sentido.

Sua vida virou uma montanha russa, shows intermináveis, entrevistas, TV, produtos com seu nome, reconhecendo várias vezes a necessidade de dar uma trégua, mas a vaidade não permitia. A vida noturna e os falsos amigos bajuladores foram ao poucos matando aquele garoto humilde de alma boa e refinada. Transformando em um excêntrico, cheio de gestos esdrúxulos, a droga aos poucos sendo companheira constate preenchendo o espaço vazio que ficou em seu interior.

Não constituiu família nem reconheceu os filhos da noite jogados por aí. Seus atos grotescos eram copiados nas ruas por jovens no dia seguinte, um modelo a ser seguido na contra mão de campanha séria em favor da vida!

Seu perispírito que não pensava cuja única função era captar suas emoções e transmitir do corpo para o espírito e do espírito para o corpo hoje se encontra deteriorado, ou seja, seu corpo hoje como Miguel está na justa medida!

Ele é sim o único responsável por tudo isso, Dora deve ser respeitada e amada, seu querido pai uma alma caridosa.

Levantou e avistou Solano através da janela. Seus olhos se encontraram, Miguel envergonhado transmitiu seu pensamento. Compromissou a não voltar ali naquelas condições, iria sim cumprir sua missão custasse o que custasse. Solano com seu olhar lhe dizia; estamos aqui amigo sempre em nome de Jesus, parta com fé e segurança!

Despediu com um sorriso sabendo ser amado, foi um adeus temporário; ele voltaria sim, mas não seria mais um peso aos seus amados amigos.

Irmã Augusta o aguardava, era hora de voltar ao seu lar e assumir seu corpo novamente. Miguel resignado abraçou Agustina pedindo desculpas e saíram...

Rubião, que vinha em direção oposta ao passar por Miguel, deu-lhe um abraço forte desejando sorte; ele era assim, carismático envolvente. Solano gostava muito do amigo de outras épocas, sendo ele um patrício. Rubião em uma das suas vidas como senador pretoriano, suas jornadas se cruzaram nascendo uma grande amizade.

Ele estava sempre disposto, alegre, prestativo. Dava gosto conversar com ele. E agora seu trabalho era o seu amigo, que Jesus o amparasse para que suas colocações fossem produtivas. Rubião entrou na sala cumprimentando-o

– Boa noite Solano!

– Boa noite Rubião! Vamos novamente estudar suas possibilidades?

–Vamos sim, amigo. Olha, eu trouxe aqui umas anotações para você me auxiliar e ver o que será melhor para mim!

Eu fiz uma lista do que fiz de errado e prometo a você dessa vez farei certo. Devo sim, Solano, tomar atitudes sérias, não posso mais brincar com minha vida e a dos outros!

Solano ouviu e deixou-o falar. Rubião era assim irreverente, espirituoso; na verdade era bom, apenas estava desencontrado. Mas o que ele não sabia era que essa era sua última chance.

A hora chegara, somos sim portadores de um bem precioso; o nosso livre arbítrio, mas quando negligenciamos decisões e atos contra a vontade divina, em alguns casos, independente de nosso querer nascemos em condições de reencarnações compulsórias e Rubião estava a pique disso.

Depois que ele se calou Solano disse-lhe:

– Rubião sabe bem que o prezo muito, mas seu tempo esgotou.

– Que isso amigo, como assim esgotou?

– Você, Rubião, é um espírito valoroso para mim, sabe bem da amizade que nutrimos um pelo outro, mas há momentos que eu tenho que executar minhas funções, afinal é para isto que estou aqui. Vamos analisar juntos seus feitos. Eu pedi muito a Deus em prece que você fizesse isso sozinho, conhecedor das causas e efeitos você não precisaria de mim. Agora há de ser desse jeito.

O olhar do amigo lhe cortou o coração, há de se ter muito equilíbrio íntimo para realizar tal tarefa, respirou fundo e continuou.

Foi um homem ao longo de seu último percurso provedor de grandes recursos em prol da humanidade, isso não se pode negar. Levou culturas, abriu estradas onde não havia, estendeu saúde e educação aos mais necessitados nos mais longínquos rincões. Espalhou progressos por esse país imenso, contribuindo com os seus semelhantes com galhardia e ainda proporcionando muitos desenvolvimentos!

Realização de grande valor moral e espiritual não há duvidas quanto a isso. Tudo seria perfeito se tivesse restringido ao bem social e não tivesse arrastado pelo seu lado pessoal. Mas você agiu como todos nós quando ultrapassamos limites, beneficiando a si próprio e praticando improbidades lastimáveis. O seu retorno amigo não será aquém de suas expectativas.

– Como assim Solano? Olha! Eu juro... Dessa vez farei tudo certo, serei um homem público, cônscio de minhas responsabilidades. Sairei daqui compromissado de verdade, não falharei, prometo-te.

Solano abaixou a cabeça lamentando esse momento. Esse era o defeito de Rubião. Tudo para ele era fácil de prometer, como se a responsabilidade prometida fosse apenas palavras ao vento!

Estava tão acostumado a fazer políticas a gostos humanos, esquecendo que ali não havia espaço para este tipo de acordo.

– Meu caro, será sim, sem dúvida, um homem público. Viverás da caridade pública, serão anos a fio, desde tenra idade vivendo aqui e ali, em lugares inaceitáveis para um ser humano. Passarás fome e frio, na condição de mendigo de rua. Somente na meia idade aparecerão à sua frente oportunidades que o resgatarão, e eu espero que você esteja lúcido para perceber o seu resgate!

Lembre-se *Rubião* em todos os tempos a humanidade sofreu miséria de toda sorte compatível com a sua época; o clima, sua posição geografia, as intempéries da natureza, doenças que assolam como se Deus estivesse esquecido de nós. Assim como as realizações íntimas e coletivas, felicidades, descobertas e progressos. Mas em dias de hoje Rubião, em tempos que todos são chamados, houve uma explosão demográfica, a tecnologia, as culturas entrelaçadas, informações em tempo reais, comunicações instantâneas parece que o ser humano está cada vez mais exclusivista. Essa impressão é dada ao fato das dificuldades de assimilações das novidades , ficamos perdidos, temerosos e vemos no outro quase sempre um inimigo, como se não se importassem mais com as dificuldades alheias!

Sem contar os vícios desregulados espalhados pelas ruas por mãos inescrupulosas, compactuando com os que sentam à esquerda de Cristo. Os seres humanos hoje encontram dificuldades em sentir caridade pelos transeuntes das ruas. É claro que ninguém fica sem ajuda, há sempre grupos e almas caridosas preocupadas com o bem comum. Mas de modo geral passam ao largo. Espero, Rubião, que não destrua sua mente com drogas e voltes em condições amargas. Sabe bem que não lhe faltará apoio de nossa parte. Estaremos sempre contigo, mas o trabalho é seu!

– Eu lamento tanto meu amigo, mas apenas cumpro meu papel de informante. Eu gostaria de poder mudar esse drama. Meu coração dói por ti, por favor, não me queiras mal!

Rubião ouviu tudo calado. Seu rosto estava lívido, suas mãos transpiravam; levantou andando de um lado ao outro, de repente parou e disse;

– Perdoe-me Solano de Spásia, meu grande amigo, causei-te desgosto. Eu sei, sou o único responsável por esse drama. Preciso sim tomar atitudes em relação a esse buraco que eu mesmo cavei.

Solano dando a reunião como encerrada o viu sair porta afora em direção ao jardim, ficando triste pelo amigo; essa reflexão era caminho conhecido, ele trilhara por tantas vezes...

Saiu em direção a outro compartimento, outros irmãos o aguardavam.

Rubião ao sair da sala seus pés pesavam como chumbos, o cansaço abateu sobre seu estado de espírito, sentia-se um ser asqueroso, envergonhado pelos seus feitos. Caminhou a esmo procurando um canto do jardim onde pudesse chorar sua dor.

Onde arrumar coragem para ter uma vida de miséria e mendicância?

Aquelas vidas que do seu carro de luxo olhava-os nas **calçadas**, imaginando serem seres irresponsáveis e sem decisão para sair da condição em que viviam. Escória mal educada sem cultura, ralés, por desconhecer o valor da vida, preguiçosos e viciados.

Achava ele que era falta de vontade, viviam naquelas condições por serem bandidos, pois ele como político fazia sua parte a essa massa deseducada. Agora ele sabia que há os dois lados, os que são espíritos sem vontade vivem e locupletam das ruas e os seres como ele que, por conta de erros, são encaminhados a viver nessas condições!

Por essa ele não esperava. Vivenciar algo assim ia ser muito duro!

Em sua caminhada ouviu um choro perto das pedras do lago, levantou e foi ver quem era.

– Que isso minha amiga, porque choras?

Laura se sentiu aliviada com sua presença. Ela gostava dele, era sempre positivo, alegre e ela estava precisando desabafar.

Rubião brincou com ela, olha que tal?

–Vamos fazer um cara ou coroa, procurando em seus bolsos uma moeda imaginaria. Eu choro em seus ombros depois você chora nos meus.

Dizendo essas palavras com gestos teatrais os apresentou como se existisse uma grande plateia!

– Senhoras e senhores... Com vocês o roto e a estropiada! Laura com seu lencinho branco limpou seus olhos já inchados de chorar e começou a rir. Esse era seu amigo!

Caíram na gargalhada. Laura já um pouco refeita disse-lhe:

– Meu amigo você não sabe o que me espera? Meu futuro não é nada bom, minha "bola de cristal" revela amarguras...

Rubião andou de um lado ao outro, parando disse:

– Você quer falar disso Laura? Estou aqui!

– Sim Rubião. Eu gostaria, estou perdida, mas, por favor, não me queiras mal depois dessas falas, meu remorso é verdadeiro!

– Fique tranquila amiga, aposto que não será tão diferente de mim.

– Sabe amigo, nasci em família abastada, perdi meus pais cedo, mas fiquei estruturada financeiramente e com parentes que me auxiliaram a entrar na vida com responsabilidade. Estudei em excelentes colégios, conheci o mundo, estudei outras línguas, me preparei para ser a profissional que fui. Não me considerava um gênio, mas sabia ser diferente dos meus amigos, minha mente trabalhava mais rápido. A perda dos meus pais me tornou medrosa em relação a constituir família, não tive relacionamentos longos e nem filhos. Mas fiz um aborto de um relacionamento casual. Quando percebi, já era uma senhora de idade e muito tarde para isso. Curiosamente não me faziam falta a tal família, eu me dediquei exclusivamente as minhas pesquisas e minha profissão. Tornei-me uma celebridade na área científica, fiz descobertas consideráveis relacionadas á área de doenças bacteriológicas, realizando palestras em várias faculdades espalhadas pelo mundo.

Era para mim a consagração, algo que preenchesse a minha vida.

E foi!

Mas você sabe como é a vaidade; ela vem chegando de mansinho, como uma névoa, quando menos percebemos, estamos cegos sem enxergar um palmo diante do nariz! Fui convidada a participar de uma secretaria ligada ao governo, eu não precisava desse cargo, não acrescentaria mais nada ao meu nome e muito menos precisava desse salário. Eu poderia ter me envolvido em obras de caridades particulares, grupos sérios, qualquer coisa tornando-me até uma religiosa, coisa que não fui.

Mas... Essa oferta mexeu com meus brios e foi fácil achar que eu poderia contribuir com a sociedade.

O aborto foi sempre um assunto tabulado, cheio de controvérsia envolvendo questões culturais e religiosas, mas o fato é que centenas de mulheres perdem a vida em práticas de fundo de quintais, comprometem a saúde para o resto da vida. E esse programa iria combater o aborto clandestino, a prevenção da saúde através de higiene um verdadeiro mutirão educativo, prevenção de doenças contagiosas transmissíveis sexualmente. Como eu tinha boa vontade e conhecimento estava certo, por que não?

Tempo eu não tinha, mas arruma-se quando o objetivo é bom. Assumi esse trabalho com uma voz íntima sempre me incomodando, no sentido de que não era para eu me envolver com isso! E hoje eu sei que não era mesmo!

Conheci nesse meio um senhor viúvo, inteligente, cavalheiro e muito rico e eu Rubião estava numa fase ruim; naquela fase de questionamento íntimo no sentido de que, o que realmente de bom eu havia feito para mim como pessoa?

Onde estava eu como mulher?

Pensei assim estar apaixonada por ele! Esse relacionamento durou três anos e logo ele procurou outra e eu sobrei. Mas era tarde, já havia cometido a burrice. Este homem também pertencia a esse programa inovador e foi fácil me convencer a fundar uma clínica clandestina abortiva.

Os argumentos dele na época eram convincentes, pois se morriam mulheres com práticas erradas, então por que não fazer certo?

Um local onde realizariam com segurança preservando a saúde e que no futuro não houvesse complicações para uma nova maternidade consciente.

E assim foi feito. Dinheiro não era problema para nenhum de nós, era apenas questão de por em prática. Na frente era uma clínica de fachada com recepção magnífica; quem ali entrava ia tratar apenas da estética, mas havia sim um setor para esse tratamento. E contra meus princípios, mas pensando nos fins lucrativos entrei, ganhamos muito dinheiro e fui viajar, aposentei por conta própria.

Laura com gestos tristes a voz embargada continuou.

– *Rubião...* Eu já era rica! Por que eu fiz isso?

Aos sessenta e oito anos acidentei e faleci. Hoje estou aqui e a clínica está lá a todo vapor. Os filhos desse senhor continuaram. Ele nem sei se já desencarnou, não me foi possível saber, Solano achou melhor preocupar-se comigo.

Não importa mais, eu sim! Estou em maus lençóis.

– Sinto remorsos que me corroem a consciência, contrai dívidas com as leis Divinas sem necessidade. Terei uma reencarnação terrível, amigo, serei aleijada! Foi isso que arrumei para mim em nome da minha competência e praticidade!

Rubião ouviu calado até o fim, levantou dizendo:

– Bom... Cara amiga já que dividiste comigo suas dores agora que vão as minhas, e não são diferentes das tuas! Tornei-me um mostro, esse é o verdadeiro termo. Tive também o privilégio de nascer em famílias tradicionais e abastadas por várias vidas.

Estudei em melhores colégios, educação esmerada, viajei, dei a volta ao mundo, minha inteligência era a grande aliada, mas... Eu achava que era só eu assim!

O resto da população, alguns poderiam chegar aos meus pés. Sempre bonito, porte atlético orgulhoso. Comecei a vida pública em condições privilegiadas, nada de vereador, prefeito não! De deputado acima. Meu carisma era contagiante, atingia a todos. Desenvolvi sim grandes projetos humanitários, mas sempre que aqui chego o resultado pessoal não é bom.

E volto novamente nas mesmas condições, com promessas e mais promessas.... Vamos ficar apenas com essa minha última oportunidade. Realizei sim com meus acordos e conchavos, grandes projetos, progressos, saúde, educação foi sim um trabalho árduo. Resolvi pendências particulares, como todo mundo.

Família, filhos problemáticos, relacionamento conjugal complicado, duas almas egoístas que caminham em direções opostas, doenças, tudo isso nos faz trabalhar nosso interior. Mas de muito meu único objetivo ao sair daqui é em prol do bem comum. Por isso, já saio daqui em condições de privilégio material. Eu sempre volto carregando minha vaidade!

Nessa última eu realmente meti os pés pelas mãos, trabalhei com afinco em cima de leis, que grosso modo para os leigos parece um bem comum com resultados maravilhosos.

Em longo prazo seria uma desgraça, eu sabia disso!

Estavam em minhas mãos e por conchavos, motivos eleitoreiros, se fazendo de bobo (uma mão lava a outra), deixei passar a ainda arrastei os indecisos. Sendo assim continuam os mais carentes pagando pelos mais favorecidos. E agora está ai acicatando o custo de vida dos mais carentes, gerando pobreza e miséria!

E parece que Deus perdeu a paciência comigo dessa vez. Ele está certo. Eu endureci, não sinto remorso, meu coração secou!

Como se não bastasse isso, resolvi tirar proveito da ignorância dos humildes, ajuntando-me com pessoas inescrupulosas como eu desapropriei terras indexando as minhas, burlando leis, forjando documentos. Entrava com reintegração de posse e conseguia provar que eles eram invasores ou foram enganados em suas compras. Fiz isso tantas vezes que virou verdade em minha cabeça.

Desencarnei deixando fortuna até para minha quarta geração, como se diz por ai.

Essas pessoas tiveram suas vidas devassadas. Esses infelizes saíram de seus lugares, muitos estão em mendicância pelos arrabaldes das grandes cidades, em considerável carência. Alguns perderam parentes que eram arrimo de família, por conta desse desgosto tiveram morte súbita!

Esse é seu amigo aqui!

Laura que sempre o viu alegre, pela primeira vez o enxergou perdido com a voz falseada, seus gestos que sempre foram charmosos estavam desengonçados, e ela enxergou verdadeiramente suas mágoas. Rubião que sempre fora otimista, sentou na ponta do banco com as mãos entre o rosto e chorou!

Seus soluços encheram o espaço causando-lhes comiseração. Desesperada sem saber o que fazer para ajudá-lo, buscou com os olhos ajuda, avistando Jucelim, este se chegando a ela, pôs as mãos em seus ombros conduzindo-a para dentro do abrigo. Laura, como que por encanto, esqueceu o que presenciou, retendo na memória apenas as brincadeiras do amigo.

Agustina que presenciara a conversa sem ser vista, se fez presente dizendo:

– Rubião, meu amigo, não fique assim. Confie em Jesus, estamos aqui para ajudá-lo.

– Eu sei irmã. Sou profundamente agradecido pela paciência a mim dispensada, mas sinto-me irresponsável, meus conhecimentos não me permitem mais postergar. Diga a Solano que estou pronto, e seja o que Deus quiser! Não vou mesmo passar para ninguém essa cruz, ela é minha não é?

Agustina abraçou-o e juntos oraram, rogaram a Deus misericórdia e coragem para uma tarefa de tal envergadura.

Capítulo 1 2 3 **4** 5 6 7 8 9 10 11 12

Tereza de Aquino e Aguimar caminhavam a passos rápidos pelos corredores do pavilhão. O alarme havia soado, Armando estava em crise. Este se encontrava na ala dos irmãos que, após o desencarne, encontravam-se em estado de perturbação. Entrando nos aposentos, a enfermeira saiu e os deixou com o paciente.

Armando era uma entidade querida por todos. Seu despertar era esperado a tempos. Tereza segurando sua mão dizia-lhe palavras de carinho:

– Armando, acorde! Encontra-se entre amigos.

Armando em completo desespero via em seu quadro mental o momento do seu desencarne.

Era uma sexta-feira, ele saiu apressado do escritório de um advogado, seu amigo. Este preparava um novo estatuto que implantaria em uma divisão de ortopedia de um hospital público, onde como profissional nessa área trabalhava há anos.

Cidade grande, com poucos profissionais para uma demanda consistente, salário baixo, sem recursos clínicos, material sucateado; esse era o estado em que se encontrava o ambiente de trabalho.

Na verdade de há muito o governo trata esse assunto com descaso. Os médicos além de salvar vidas em precárias condições, hão de se tornar heróis da resistência como se fosse uma guerra, uma luta para conseguir desempenhar suas funções com o mínimo de dignidade diante de tanta carência no setor público!

Ao fim do dia estão exaustos, correndo na contra mão do tempo. A luta pela vida de seus pacientes, a cara na frente do ser necessitado dizendo que não há, às vezes, condições de atendimento, pedindo desculpas pela incapacidade administrativa vinda de cima.

Retornam aos seus lares desanimados, transmitindo sem querer a família suas frustrações.

Aquele pronto socorro estava um caos. Lutou com todas suas forças para mudar algumas diretrizes. Com uma diretoria já velha e ultrapassada sem importar com mudanças, desanimados com o quadro vigente da política existente.

Armando com sua alma incansável lutou para mudar pelo menos o que lhes dizia respeito, normas simples, que seriam implantadas; que a princípio parecia sem importância, mas que em longo prazo agilizariam não só atendimento como resultado. Aliviando burocracia e socorro rápido!

O que o deixava triste era que essas coisas nem deveriam ser difíceis, bastava coerência. Mas não! Teriam eleição pela frente se aprovam ou não seu projeto.

Pois que seja!

Ao sair apressado em uma avenida, um caminhão em sua frente freou bruscamente, na verdade para não atropelar um motoqueiro. Armando enfiou seu carro na traseira vendo a carroceria a um palmo de seu rosto.

Desesperado tentou abrir a porta. Esta encontrava emperrada. Sentiu cheiro de queimado, em poucos segundos seu carro pegou fogo, havendo uma explosão. O ar encheu-se de uma fumaça preta. Procurou com as mãos a porta do passageiro sentiu suas pernas presas as ferragens.

O fogo foi em sua direção. Saiu do carro gritando por socorro! Algumas pessoas pararam com extintores manuais até a chegada dos bombeiros.

E vieram rápido!

Foi quando ele se deu conta que estava fora do corpo.

Como médico ele sabia que seu corpo estava carbonizando. Ninguém escaparia das queimaduras naquelas proporções. O desespero tomou conta de si. Entrou em estado de colapso, foi socorrido por entidades competentes, mas sem consciência dessa ajuda. Hoje se encontra; assim, cada vez que vêm as crises, tentam com carinho o seu despertar.

– *Armando*, encontra-se entre amigos. Está em um hospital, foste socorrido!

Dessa vez com o olhar tresloucado, Armando conseguiu ouvir e gritou por socorro. Tereza aproveitando esse momento mostrou Aguimar que lhe aplicava passes dispersivos.

– Olhe. Está em um hospital, veja! Deram-lhes as mãos e ele segurou forte.

Por um segundo percebeu, sim, ali era um hospital. Viu o médico e a enfermeira. Graças! Agora era acreditar no tratamento, com esse pensamento finalmente adormeceu.

Respiraram aliviados, o pior havia passado!

Depois de um sono reparador, Armando acordou disposto, sentindo-se estranho. Olhou seu corpo e não viu bandagens e muito menos cicatrizes. Intrigado, preparou-se para levantar quando a enfermeira entrou;

– Bom dia Armando. Como se sentes?

Era uma mulher morena clara de cabelos pretos, olhar profundo e muito bonita.

– Moça, por favor! Preciso falar com o responsável pelo meu tratamento!

Tereza já era acostumada com esse tipo de despertar. Sabia ser um momento delicado que carecia de respostas cuidadosas no sentido que não houvesse novo desequilíbrio.

– Irmão, sua recuperação foi espantosa. Na hora pensaste no pior, na verdade foi socorrido com rapidez, está entre amigos, o médico logo vira.

– Mas me diga, como te sentes?

– Estranho como se vendesse saúde! Levantou andando pelo quarto espaçoso completamente lúcido. Que hospital é esse? Onde me encontro?

– Esse hospital amigo é muito especial. O médico responsável é o melhor de todos! Armando olhou-a e sentiu que a conhecia de algum lugar, mas não sabia de onde.

– Enfermeira eu já a conheço? Já a vi em algum lugar?

– Sim, já nos encontramos sim, em outras circunstâncias. Na verdade somos grandes amigos! Vou chamar o médico.

Armando ficou esperando, mas a curiosidade foi maior. Caminhou em direção a porta e em vez de corredores e pessoas trabalhando, deu de cara com um imenso jardim que seus olhos perderam de vista. Levou um susto voltou e encostou na parede. Havia muita coisa estranha ali, que lugar era aquele? Fechou os olhos e pensou "minha nossa será que estou louco, tendo visões". Às vezes grandes traumas provocam isso.

Ao abri-los, estava na sua frente um médico negro, de expressão simpática e um estetoscópio pendurado ao pescoço. Sentiu certa vergonha como se fosse uma criança fazendo arte, pediu desculpa apontando ao jardim com expressão de quem não está entendendo nada!

Aguimar sorrindo perguntou:

– Como está?

– Muito bem, obrigado. Desculpe minha insistência em vê-lo, é que não estou entendendo, preciso saber onde me encontro e se já estou de alta.

Aguimar raspou a garganta, colocou uma das pernas em uma mesinha e o cotovelo no joelho inclinado o corpo com a mão no queixo, perguntou

– Caro amigo, eu como médico também tenho perguntas. Poderia me dizer em sua avaliação clinica se é possível um corpo físico sobreviver a um incêndio daquelas proporções?

A mente de *Armando* trabalhou rápido.

– Falando sério, como médico, na verdade é impossível sobrevivência; mas, eu estou aqui não é? Lúcido, falando contigo em completa condição física!

– Em sua opinião Armando, o que pensas disso tudo? Sim por que sabemos tudo sobre você! Mas gostaríamos de saber sua visão sobre esse fato.

– Como assim sabem tudo sobre mim? Nessa altura ele já estava começando a se irritar.

– O seu nome, sua família... É pai de três filhos, sua esposa é psicóloga, vocês estão vivendo uma crise em seu casamento, é um profissional exemplar, um pouco teimoso, mas...

Armando olhou-o espantado! Sempre foi objetivo, não havia em sua vida espaço para meias palavras.

–Amigo, chega de brincadeiras e adivinhações. Eu tenho o que fazer e você com certeza também. Além do mais, eu preciso sair daqui. Tenho reuniões e uma eleição ridícula pela frente.

Dizendo isso, começou a procurar nos armários suas coisas.

– Eu preciso saber como acertar tudo e de verdade agradeço muito, de coração, o que fizeram por mim, mas... Diacho onde será que está minha carteira?

– Não se preocupe. Sua reunião foi realizada com sucesso nem foi necessária votação. Em sua homenagem votaram e estão já em pratica de há tempos!

Tirando a vida familiar, sua passagem pela terra, amigo, foi um sucesso! Poucos voltam como tu!

Armando estacou.

–. Como já foi realizado? Que passagem é essa pela terra?

Minha nossa senhora agora ele percebia ali era um manicômio isso sim estivera esse tempo todo falando com um louco! Precisava sair dali com urgência. Com esse pensamento, saiu porta a fora sem se despedir.

Entrou jardim a dentro. Nunca havia visto tanta beleza. Uma vez de férias foi à Suíça e lá havia beleza quase igual. Andou para todo lado e não havia saída!

É isso, estava sonhando, tendo um pesadelo como dizia seu amigo, o doutor Santos, "o inferno também é bonito". Se fosse precisava acordar, avistou uma moça colhendo flores, se aproximou e perguntou?

– Bom dia senhorita, está aqui há muito tempo? Por acaso é um dos pacientes?

Eliza que era uma entidade socorrista prestava esse tipo de ajuda. Quando era chamada, desempenhava sua função com amor e dedicação.

–Sim amigo. O que precisas? Talvez possa ajudá-lo.

– E que eu estou agoniado gostaria de saber onde fica a secretaria desse lugar? Quem é o responsável ou o chefe desse setor?

Eliza, rindo, respondeu:

– Claro que sei quem é o chefe, mas não consigo chegar até Ele.

O responsável todos nós queremos vê-lo, mas não temos condições espirituais para isso. Ele é nosso amado Mestre Jesus!

Armando olhou-a de cima a baixo! Ela era linda, cabelos loiros magníficos, uma pele invejável, olhos castanhos claros, parecia um anjo, mas louca, sentiu pena deixando-a falando sozinha!

Depois de andar muito sem rumo voltou ao seu aposento e lá estava o doutor calmamente sentado esperando-o. Essa foi a impressão que lhe causou, como se ele soubesse de seu fracasso!

Nesse momento Tereza chegou e o tal doutor disse-lhe:

– Vamos levá-lo Armando, venha...

Armando acompanhou-os a contra gosto pelos corredores, nem percebeu o que ocorreu. Já em seguida estavam no saguão do hospital em que trabalhou boa parte da sua vida. Ansioso, queria entrar, mas algo o prendia e para seu espanto, a tal irmã Tereza começou a olhar os quadros que havia nas paredes e pelos corredores. Eram molduras magníficas, com telas de qualidade feita por artistas competentes em homenagens a médicos e pessoas importantes que passaram por ali profissionalmente. E pior, parecia que ela não tinha pressa. Analisava minuciosamente e ele ali, à mercê desses doidos!

De repente ela parou em frente a um quadro com molduras novas, recém pintadas. Seu corpo movimentou-se contra sua vontade e chegando perto ele, para seu espanto, viu que era foto sua. Ali, exposta na galeria dos póstumos.

Estava lá seu nome, data de nascimento e morte!

Sentiu o corpo estremecer e desesperado com uma força descomunal se viu na sala dos médicos. Eram exatamente nove e quinze e essa hora era dispensada ao cafezinho onde todos expunham seus problemas e riam de suas vidas.

Seus amigos! Falou com todos e eles e não obteve respostas. Era como se não existisse. Tereza de Aquino e Aguimar, em um canto, da sala observavam suas atitudes. Em seguida, entrou o doutor Abel Chumada, um médico que morrera de câncer a anos, este sim veio em sua direção dando-lhes boas vindas!

Sem ar, saiu atropelado e se viu no pátio do estacionamento. Abaixou-se e colocou as mãos na cabeça.

– Meu Deus! Que é isso?

Percebeu, nesse instante que estava sim mortinho! Mas como? Quando abriu os olhos, estava novamente em seus aposentos naquele lugar onde fora socorrido.

Sentiu um cansaço inexplicável perdendo os sentidos.

CAPÍTULO 1 2 3 4 **5** 6 7 8 9 10 11 12

Jonas estava apreensivo. Por semanas Dora estava quieta demais e isso não era bom sinal, mas tudo estava tão difícil que um pouco de calma ia bem mesmo que fosse aparente.

Dora, na verdade, traçava planos para tristeza de Amadeus. Decididamente ela não amava mais seu companheiro e sua amiga que estava certa! A vida a dois se perdeu entre a doença do filho e as noites mal dormidas. O filho era sim um pecado, mas o que fazer se realmente ela não amava, que Deus a perdoasse, mas era verdade!

Quando fez amizade com Aline estava em crise e essa moça virou sua confidente. E ela deu-lhe uma visão da qual ela não havia pensado, refletindo bem, era verdade.

Sua amiga de trabalho disse-lhe que se fossem embora suas vidas melhorariam, uma vez que ela não amava mais seu companheiro e não sentia grandes coisas pelo filho, nesse caso, apesar da tristeza, ela era peça destoante da história. Não deixava de ser uma crueldade em curto prazo, mas a longo prazo, os dois se ajeitariam e ela também.

Pelo menos daria uma chance a todos sem se odiarem. Com esses pensamentos, a despeito de sentir uma espécie de aviso no fundo da consciência, pôs seus objetivos em prática. Foi falando com todos que conhecia sobre a necessidade de uma empregada competente para cuidar sua casa e, claro, ficaram sensibilizados com seu drama. Afinal era uma colega de trabalho em dificuldades. Em pouco tempo apareceu quem ela precisava!

Adotou em casa um comportamento ameno, parecia que a aceitação estava a caminho. Controlada, até brincava com o filho, mas Jonas estava arredio como se soubesse de algo errado.

Ela continuou firme em seus propósitos.

Certo dia, no final do trabalho, Jonas chega em casa e encontra novidades. Havia uma senhora de aspecto humilde e uma garotinha que se via claramente estava desnutrida. Segundo Dora, essa senhora era do interior e estava a procura de trabalho; na verdade o quartinho da empregada era minúsculo, mas ainda assim era melhor que a rua. E como ela precisava, então seria uma experiência. Quem sabe a presença da menina não seria boa para Miguel?

De muito Jonas já não discutia com ela. Em uma coisa ela estava certa. Podia sim ser bom ao seu filho, mesmo porque se não fosse... Mas questionou-a sobre o aumento da despesa e a questão salarial. Ela encontrou argumentos para tudo, e assim foi feito.

A casa ficou mais arrumada, almoço e janta na hora. A senhora Marina era humilde, sem estudo, mas inteligente e a garotinha estava fazendo bem a Miguel. No inicio a timidez foi sendo vencida até ele perceber que elas estavam fazendo parte de sua vida. Passou a ser sua "amiguinha" para todas as horas.

Amadeus cercou o garoto de todos os cuidados e notificou os amigos do Lar sobre as novidades. Dora, com essa atitude, arrastou para si entidades doentes e desequilibradas que até então estavam longe dessa vida.

A trégua fora quebrada!

Solano de Spásia penalizado ponderou com Amadeus; Dora não era filho sem choro! Seu anjo de guarda era soberano e saberia o que fazer com ela.

Em todas as circunstâncias de sua vida, ela tinha o direito de exercer seu livre arbítrio, mesmo que tivesse que voltar ao lugar desgraçado de onde saíra. Caberia a ele e todos do Lar pedir a Jesus misericórdia e iluminação a família.

Amadeus estava de partida despedindo dos amigos quando Laura e Rubião entraram pedindo para uma conversa.

Rubião, como sempre, educado cedeu a vez à sua amiga depois ele entraria. Laura, com jeito meigo e envergonhado, começou suas falas...

– Solano eu pensei em tudo que me disseste e diante dos meus erros não há mesmo outro caminho. Estou aqui, espero conseguir...

Solano nessas horas sentia uma dor muito grande em seu peito. Mordia o maxilar para impedir as lágrimas, não era esse seu papel, devia sempre se mostrar impassível e ponderado transmitindo a todos confiança e esperança!

Abraçou a amiga e saiu com ela em direção ao jardim. Caminharam até a gruta que ficava atrás da cortina de águas cristalinas, ali era um dos recantos de preces. Havia uma réplica da cruz de Nosso Senhor Jesus Cristo. Muitos sentiam necessidade desse argumento nos momentos de suas orações. Laura era uma delas.

A gruta era de uma beleza singular. Naquele ambiente e diante da cruz que representa o calvário do filho de Deus, Laura ajoelhouse sentindo sua mente se abrir em uma entrega absoluta diante da verdade. Uma luz aproximou envolvendo-os e foi recolhida pelos irmãos do "Retiro dos Anjos". Essa unidade era uma colônia responsável pelo processo de redução energética e esquecimento do passado, necessário ao processo de reencarnação.

Solano ao vê-la partir agradeceu a Jesus!

Agora era a vez de seu grande amigo Rubião... Esperava que sua decisão fosse sábia. Triste era, mas precisava. Passando pelos corredores percebeu que Armando estava despertando, isso era bom sinal. Logo teria outro colaborador nas causas vigentes.

Armando acordou e esperou que alguém viesse ajudá-lo. Sentia se bem, mas temeroso em tomar atitudes, apesar da verdade, estava com medo de novas surpresas. O tempo foi passando e sua ansiedade aumentando, tomou coragem e saiu para o jardim. Caminhou sem direção, o sol magnífico impermeando as folhas das arvores, borboletas de infindáveis cores. Era sim um recanto de sonho!

Avistou Eliza. Envergonhado foi pedindo desculpas. Desculpa aceita, disse ela estendendo a mão dizendo:

– Venha, quero lhe mostrar algo. Foram caminhando quando Eliza pegou um coelho branco com uma mancha marrom por sobre os olhos. Um animal belíssimo de docilidade espantosa. Entregou a ele. Armando pegou o animal admirado com tamanha beleza, perguntou:

– Me diz uma coisa Eliza, tudo aqui é tão perfeito assim?

– Exceto nós Amigos!

Sua resposta pegou-o de surpresa. Era verdade. Nós os seres humanos somos os únicos que, de alguma forma, estragamos a hegemonia da natureza.

– *Eliza*, eu fui estúpido, não é?

– Não *Armando*. Você até que não causou tanto trabalho assim...

– Mas... Eliza eu realmente estou morto, não é?

Eliza riu. Não da forma como você apresenta, a morte é apenas física. Estou vivendo dias de felicidade Armando, logo volto, tenho umas coisas para resolver.

– Você volta... Sei, mas... Como?

– Reencarnando Armando. Onde estarei desempenhado um novo trabalho, essa oportunidade me será valiosa. Espero, apenas, meu substituto se recuperar por completo.

– Veja bem Eliza, eu estou abismado, eu sou médico, ou melhor, fui, e já vi tantas pessoas morrerem e ninguém voltou para contar como é do outro lado entende? Eu também não sou tão estúpido, sempre achei que existe sim um Arquiteto do universo. A natureza é sabia, existe um padrão com segmentos que extrapolam a compreensão humana, os átomos, os elétrons, as células, as moléculas tudo é uma energia só, com formas e funções diferentes e de uma organização e uma complexidade que nós ainda desconhecemos. Mais daí á acreditar dessa forma que você coloca fica difícil! Sabe... Quando meus pacientes se curavam e agradeciam a Deus, intimamente eu ria de suas crendices e ignorâncias. Quem os curou foram os remédios e os cuidados na hora certa se ficassem por conta de Deus morreriam.

– E agora eu estou aqui "mortinho" e falando com você!

– Você terá todas as respostas. Quando aqui chegamos, a maioria de nós fica como você, acredite! Mas existem casos difíceis, chegando a precisar de ajuda externa para esse despertar.

– Como assim? Ajuda externa?

– Os médiuns! Às vezes quando os espíritos entram em estado de perturbações. Esgotados os recursos, um mergulho na carne se faz necessário alguns por segundos, minutos o suficiente para que perceba a diferença em que se encontram.

Armando deu um passo à frente e deu uma gargalhada com vontade.

– Desculpe amiga, mas tenho que rir! Meu Deus... Eu sempre achei que esse assunto de espírito, médiuns fosse charlatanismo, crendices, aproveitadores de dores alheias. Onde eu vou parar com tantas surpresas?

– Em tudo nessa vida, Armando, há dois lados. Existem, sim, médiuns desvirtuados desconhecedores da importância dessa faculdade e o quanto é uma fonte de crescimento íntimo. Um ato de doação e amor!

Mas há outros com responsabilidades, conhecedores, que desenvolvem trabalhos sérios em prol dos necessitados, tanto de ordem física como espiritual. Mas com você, apesar de estar aqui há oito anos, não houve necessidade.

Armando ficou perplexo. Como assim oito anos... Ele pensava que havia sido ontem, afinal acabara de acordar?

– Os anos terrenos não se aplicam aqui.

Armando deu-se conta que tudo de repente estava fora do lugar. Nesse momento lembrou-se de sua família, e sua esposa? Filhos? Seu trabalho? E agora... Bateu-lhe uma angústia. Eliza, que estava atenta a esse fato, continuou calmamente.

Sua esposa está bem. Com sua vinda ela organizou sua vida, hoje tem mais tempo para a família. Seu filho mais velho casou-se já vai ser pai, sua filha do meio foi para França fazer uma pós-graduação e seu filho caçula se prepara; será um grande atleta. E seu pai já se encontra desencarnado!

Armando, com tantas informações, se ateve a última e pediu para ver seu querido pai. Não podia. Ele se encontrava em outra região com realidades diferentes, mais tarde seria possível.

A surpresa diante de sua condição de espírito e daquele lugar foi substituída pela tristeza. Essa conversa elucidativa foi feita enquanto caminhavam. Armando nem se deu conta que já estavam no Vale dos Florais, o Penhasco de Gisé ficara distante. Eliza parou por um momento e disse virando de costas:

– Olhe!!!

Armando virou o corpo avistou o Penhasco. Essa visão veio como uma flecha em sua mente. Olhou à frente novamente e avistou o Lar dos Amigos, sua construção espetacular e percebeu que conhecia aquele lugar. Uma saudade sem saber do que invadiu sua alma, adiantou o passo e Eliza rindo correu atrás dele.

– Menina Eliza... Eu conheço esse lugar, parece que alguém me espera!

Adentrou o pátio ofegante, entrou no salão de recepção e percebeu finalmente. Ali estavam seus amigos, os espíritos que sempre o ajudaram nas horas amargas, sempre interessaram pelo seu trabalho íntimo. A consciência parcial de quem fora antes de ser Armando. Relembrou seus estudos e ponderações para sua reencarnação. Por segundos veio-lhe certo desconforto: será que tinha conseguido resulta? Solano aproximando deu-lhes boas vindas. Eliza retornou. Seu trabalho estava feito. Armando assenhoreando de suas faculdades e estando entre amigos veio uma felicidade inexplicável.

Segundo Solano seu trabalho a nível social foi realizado com sucesso, ficando apenas pendências particulares comuns a vida de todos. Teria a eternidade para realizar outras jornadas em direção ao crescimento.

Com satisfação se dirigiu aos seus novos aposentos, afinal, dessa vez, não era hospede do Penhasco. Estando finalmente só, seus pensamentos voltaram aos seus familiares. Lágrimas de arrependimento vieram como uma explosão de um dique. Quanta asneira havia feito entre os seus?

Sua esposa, que antes havia amor em seus olhos, ultimamente trasbordava de angústia; cada um para seu lado, se distanciou tanto que as mãos não se encontraram mais. Os seus filhos ele perdeu quase tudo na pequena vida deles em nome de suas obrigações.

Certo! Havia muito que fazer, mas poderia ter administrado mais seu tempo, incluído no teor das prioridades. Deu-se conta de que eles cresceram e ele não viu!

Percebeu, ali, que sua amada companheira havia parado há muito tempo de pedir ajuda na educação deles e saúde familiar. E no trabalho? Fora impositivo e autoritário. Ele quase sempre tinha razões, mas... E o crescimento dos outros?

Foi sim um grande profissional. Um péssimo pai, um chefe temido em vez de amado!

E uma lástima como esposo!

Era como se tudo que havia feito com uma mão fosse tirando com a outra! Esse era seu sentimento. Solano havia dito que se preparasse. Eliza precisava voltar e ele ficaria em seu lugar. Solano jamais lhe diria uma coisa dessas se não o achasse capaz, ele devia sim se preparar para uma colocação tão digna como essa, mas...

Bem no fundo não via assim tanta glória em sua passagem pela Terra. Agora seus parentes e amigos o julgariam com o que tem dentro de si. Pelos seus feitos como homem, o peso da balança da vida, de um lado suas atitudes do outro o peso das mágoas causadas. Ele não poderia se desculpar!

Agustina chegou na porta de seu quarto, sorriu abraçando-o feliz pelo retorno.

– Querida amiga, estou muito envergonhado! Eu sei amigo. Ficamos assim todos nós, mas o tempo não para. Precisamos de você preparado para ajudar os que aqui chegam, seja bem vindo!

Armando sabia, naquele lugar eram tantas dores e angústias que agradecia a Deus por essa chance. Quando partira para essa sua última jornada, era residente do Penhasco. Deu muito trabalho com sua renitência! Encontrava-se ali no Lar dos amigos! Deveria sentir-se aliviado e honrado. Parte de seu trabalho realmente fora feito.

Rubião, angustiado, esperava Solano na sala. Da janela ele observava o jardim do Penhasco, se pudesse ficaria ali para sempre. Sabia que não era um lugar dos privilegiados, e sim dos doentes. Mas o quanto era triste pensar no retorno, e começar tudo novamente. E não era por conta de seus futuros sofrimentos, era sim a perda da consciência espiritual, nem percebeu a entrada de Solano.

– E então meu amigo...

Levando um susto sentiu vergonha, e no seu olhar cansado estava implícita a resignação imposta.

Espero Solano que Jesus me perdoe e você também por tanta irresponsabilidade da minha parte. Eu Solano, não vejo Jesus nem poderia, não é? Mas vejo você e minha vergonha é muita, estou pronto amigo!

Solano engoliu seco, e disse;

– Estaremos contigo meu irmão, em nome do Pai, em todas as horas!

– Sabe *Solano*... Quando estamos encarnados temos medo da "morte" veja que paradoxo, na verdade eu me sinto morrendo agora!

Abraçou o amigo e saiu sozinho para seu recanto de orações a espera dos irmãos do "Retiro dos Anjos". Solano teve vontade de acompanhá-lo, mas sabia que ele era capaz de fazer isso sozinho.

Chorou pelo amigo e pediu misericórdia! Afinal a vida é assim. Quando começamos a descortinar o verdadeiro sentido das coisas, percebemos o quanto somos não só independente nas decisões quanto solitariamente responsável por elas... Precisava ver outros amigos também necessitados.

CAPÍTULO 1 2 3 4 5 **6** 7 8 9 10 11 12

Jonas andava apressado. Hoje era dia de festa de aniversário, Miguel faria sete anos. Seus sogros estavam chegando e ele ainda havia que ir ao local da festa para ver as arrumações. Miguel estava felicíssimo, dava gosto de ver. Cantava parabéns a semana toda com sua amiguinha; Dona Marina correndo com a casa e Dora com os preparativos.

Pensando nisso respirou aliviado, parecia que as coisas começavam a ajeitar finalmente.

Amadeus estava em uma tristeza sem **fim**. Os planos de Dora não eram nada bons. Ele se angustiava por Jonas, a *decepção* ia ser terrível!

A festa foi maravilhosa, Miguel abria os presentes alegremente e naquela noite dormiu feliz. No sábado de manhã, Dora levou seus pais à rodoviária (eles moravam no interior), dizendo-lhe que depois iria ao salão de beleza. Ela sempre fazia isso no sábado. Jonas foi se encarregar de acabar de desmontar a festa.

Na verdade seu plano estava concluído, recebeu resposta da Europa. O trabalho estava garantido, seu currículo foi aceito. Uma amiga de Aline que já morava por lá estava a esperando com local de estadia temporária até ela se ajeitar, suas passagens compradas, e sua mala arrumada na casa da sua amiga. Levar seus pais na rodoviária, no fundo, era uma despedida.

O dia transcorreu normal. No final da tarde dona Marina se incomodou com a demora dela e Jonas ainda disse-lhe que não se preocupasse isso era dela mesmo!

Jonas saiu com as crianças. Foram ao parque, estava feliz. Miguel há tempos não apresentava crises. Na festa, Dora muito gentil, tratou a todos com carinho e vez outra pegou o filho no colo, quando ela fazia isso o menino sorria feliz e olhava para ele.

A tardinha Marina atendeu a porta, era a garota Aline. Quando Jonas entrou, ela não encontrava palavras para contar a ele o ocorrido! Mas precisava ser a portadora dessa desgraça!

Jonas, sem palavras, olhava-a com seu rosto pegando fogo. O primeiro sentimento que veio foi a vergonha, depois o resto. Saiu porta fora pedindo que ela cuidasse das crianças e não se preocupasse com ele.

Dora despedira dos pais e foi para a casa da amiga. Sua bagagem foi arrumada cuidadosamente e sua amiga auxiliando em tudo. Ela jamais esqueceria tanta consideração e gentileza, na verdade se não fosse ela? Não teria conseguido!

Na hora do embarque, Dora ainda sentia uma sensação de angústia e medo, mas seria melhor assim. Mais tarde, com o tempo, depois de Jonas perceber o quanto foi melhor para todos, ela voltaria. Além do mais, ela não estava mesmo sendo útil, mas nada do que pensava nessa hora aplacava sua insegurança.

Despediu da amiga com palavras de felicidades e que mandasse sempre noticias. Quando a nave estava no ar sentiu finalmente alívio, era como um pássaro preso na gaiola e fosse libertado. Agora era com ela. Vida nova, novo começo, que Deus a perdoasse, mas era essa sua decisão.

Aline ficou vendo o avião subir sentindo-se bem. Agora a vaga na firma era sua, já estava certado, ela jamais faria isso com um marido bom e um filho doente, mas Dora queria que fosse!

Sentiu uma alegria estranha, como se desejasse que ela se desse mal. Foi tão intenso esse desejo que chegou a olhar dos lados com medo que alguém perceber sua vontade. Dando-se conta da estupidez que estava fazendo riu sozinha, afinal eram seus pensamentos, é claro que ninguém estava vendo!

Aline fora amiga de Dora em outra época. As duas levavam uma vida nababesca. Viviam em Viena, e por parte de Aline era sincera a amizade, mas Dora roubou um colar valioso de pérolas na casa de um comerciante rico e a culpa recaiu sobre Aline e como elas já possuíam antecedentes criminais, foram presas. Aline não conseguiu álibi nem quem a ajudasse, mas sabia que fora Dora.

E a amizade acabou ai com juras de vingança.

Sofreu maus tratos naquele presídio úmido entre gente da pior espécie enquanto Dora gastava o dinheiro. Um dia ela se vingaria. Desencarnou depois de sua saída com saúde abalada e sua amiga já não se encontrava mais ali. Havia partido, mas "a vingança é um prato que se come frio", se houvesse outra vida ela se vingaria!

Mal sabia, Dora e Aline que haviam se encontrado. Essa amizade linda cheia de deferência e consideração nada mais era que Aline vingando do seu passado! Se Dora pudesse ver ficaria horrorizada com o tanta mágoa da falsa amiga como dos seus feitos.

Entidades perversas acompanharam tudo, agora era a vez deles. Nada mais oferecia resistência!

Jonas perdido saiu a esmo pelas ruas, nem se deu conta do tanto que andou sem rumo não conseguia entender como alguém podia fazer uma coisa dessas. A carta que fora entregue pela tal Aline ele não conseguiu terminar de ler. Amadeus do seu lado presente em ajuda espiritual, sua angústia era esperada.

Jonas sabia, agora, era com ele, seu filho e Deus! Já de madrugada voltou para casa. Dona Marina estava na cozinha sentada esperando-o.

– Desculpe Sr. Jonas, mas eu não consegui dormir, para o que aconteceu não há explicação. É triste demais. E o menino? E o que vai ser de mim e minha filha? O senhor quer que vamos embora?

– Não Dona Marina. Por hora, nada de precipitações. Preciso pensar e, além do mais, agora sim é que preciso da senhora!

Os dias foram se arrastando para Jonas. Essa novidade estranha, a satisfação aos amigos e familiares. Havia por parte de todas as pessoas uma sensação de velório como se tivesse realmente falecido alguém. Mas Jonas com uma dignidade incrível não permitiu que o sentimento de pena o atingisse, levantou a cabeça e determinou-se a superar isso, afinal seu filho estava ali.

Os dias no Lar seguiram com tranquilidade. Cada um dos integrantes com seus afazeres e todos consternados pela atitude de Dora e o sofrimento que se advinha após esse ato!

Armando estava cada vez melhor e trabalhos não faltavam. Dessa vez Aguimar e Jucelim iriam novamente estudar o caso do irmão Antony. Enquanto Tereza com outros colaboradores se ocuparia de Igháel.

Aguimar se preocupava com Antony, precisavam tirá-lo do estado em que se encontrava. Conversou bastante com Solano; iam fazer mais uma tentativa, afinal era um espírito aguerrido, amado e respeitado por todos e já fora recolhido do vale de sofrimento. Estava ali em repouso e logo voltaria. Seus futuros pais já tinham sido escolhidos, seria uma oportunidade valiosa desde que fosse consciente.

Um ato de aceitação!

Foi encontrá-lo bem no fim do jardim. Estava com uma ferramenta e carpia o local alheio a tudo em sua volta. Essa postura adotara desde que chegou ao Penhasco, já haviam usado de todos os argumentos.

Por muitas vidas Antony foi um servidor voltado a área militar. Era um homem disciplinado, sempre honrado exercendo quase sempre certo o que propunha a fazer. Participou de várias guerras, tendo sempre soldados sob seu comando. Seu trabalho não era vencer ou perder, era apenas administrar as vidas que lutavam pelos seus ideais.

Ele saia do lar dos Amigos e voltava quase sempre com seu papel cumprido. Dessa vez foi diferente. Veio a ser hospede do Penhasco de Gisé. Depois de muita dor, seu ato o prejudicou. Seu comportamento era digno de pena se fosse fazer uma avaliação superficial, mas não era esse o caso. Na verdade ele sentia-se cansado. Abateu sobre ele uma tristeza, a seu ver ilimitada. Ele não se perdoava pelo ato praticado em momento de insanidade.

Agripino aproximando chamou-o com carinho, dizendo;

– Antony, todos nós sabemos da sua dor, mas, por favor, compreenda-nos. A sua fuga não vai levá-lo a lugar nenhum. Saíste de um abismo de sofrimento, está entre amigos. Como negais nossa companhia? Sua decisão afastou-o da luz por um período, mas Deus nosso Pai de bondade e justiça o repatriou.

– O que espera de nós aqui do Lar, amigo?

Antony desviou os olhos do que fazia e depois de muito tempo se dignou a encará-lo. Em seus olhos o sofrimento estava estampado!

– Vergonha, Agripino. Muita vergonha é o que sinto!

Jucelim que até então estava calado completou:

– Amigo Antony, como podeis sentir vergonha de nós se todos somos devedores?

– Onde você está encontrando argumento para sentir pior que todos nós?

Antony levantou a cabeça dizendo;

– Eu fui irresponsável amigo!

– Sim concordamos, mas quem aqui nesse lugar é digno de santidade? Todos nós temos nosso quinhão de amarguras. Fizemos e ainda faremos a viagem de reparação infinitamente. E você, amigo, está em vias de retorno, e como acha que deve ser? Consciente, mas resignado ou em estado depressivo?

Todo espírito independente de seu estado merece respeito. Por mais que sofras, você mesmo é possuidor de há muito desse dom de compreensão em relação ao respeito, a individualidade de um ser.

– Mas amigos, como eu vou encarar Solano?

– Antony vê que te encontra bem confuso?

– Da mesma forma que está fazendo conosco, Solano não é Cristo! É apenas um amigo que sofre por nós, que procura todas as formas de nos auxiliar dentro das regras da sagrada encarnação. Seus conhecimentos valiosos um dia teremos também, basta trabalharmos. Enquanto esse dia não chega, temos esse amigo, é simples assim.

Antony sentiu-se confuso. Nesse momento de angústia e sofrimento houve de sua parte uma entrega diante das palavras dos amigos. Eles o conduziram até Solano e este o recebeu com carinho.

– Olá amigo! Espero que levantes a cabeça e me olhe, por favor. Sou seu amigo e sofro por ti e contigo, espero podermos discutir sua oportunidade. Não te comportes como um devedor, mas sim como meu irmão!

Antony levantou e deu-lhe um abraço pedindo desculpas.

– Eu estou perdido *Solano*! Desanimado, fiz tudo errado, mas não foi só dessa vez, faz tempo. Cada vez que vou é sempre em prol de alguém ou até mesmo de grupos inteiros. Eu sei está certo, Deus é que sabe do meu caminho, mas quando eu vou fazer algo por mim? Estou com sentimentos egoístas, questionamentos estes que não me incomodavam. Dessa vez a percepção de que volto sem raízes nem oportunidade de amar de verdade e ser amado sem ter uma contenda social no meio me é acintosa!

Solano entendeu sua posição. Nessa última vida ele encontrava-se em crise existencial. Estava apaixonado por uma senhora e não houve continuidade. A guerra estava em andamento, ele fora promovido e uma unidade de combate no norte da Arábia precisava de seus serviços, terminando assim esse romance mal começado.

Fazia parte dos planos nessa vida viver assim, estava no fim essa reparação. Ele pressentindo esse fim, angustiava por antecipação. Foram tantas dores presenciadas ao longo de suas vidas que ele por descuido cometeu o que todos nós fazemos, o sofrimento é para tornarmos fortes, mas, ás vezes, enfraquecemos.

Em sua última guerra ao ver seus homens perecerem e vindo a ser rendido, seu orgulho falou mais alto, desferiu um tiro no ouvido desencarnando assim como suicida!

Esse era seu drama. Ao cometer o ato, percebeu a barbaridade cometida diante de Deus. Sua culpa o martirizou ainda mais quando viu que se esperasse poucos anos do calendário terreno voltaria com muitas coisas prontas.

E sendo inteligente sabia que nada de bom o aguardaria! O tão esperado "sossego em uma vida qualquer haveria que ser depois desse episódio". Aí residia sua tragédia!

– Antony, quando sentires estabilidade, podemos conversar? Perguntou Solano.

– Acho que já lhe causei preocupações demais. Agora ou depois vai ser a mesma coisa e o tempo não para, eu sei. Há mais necessitados, estou sendo egoísta, podemos sim conversar.

Caminharam até o salão de conferencia onde poderiam expor sua situação.

Agripino com voz calma começou a expor sua nova vida.

– Suas chances Antony serão interessantes. Terás uma vida nascendo de uma senhora humilde muito honesta e orgulhosa. Seu pai um desconhecido, essa parte não é merecimento seu, é dela!

No entanto você será seu arrimo, um ajudando o outro. Passará por dificuldades de todo jeito, mas você mesmo deficiente sairá dessa condição na fase adulta.

– Como assim deficiente?

– Você amigo, nascerá surdo mudo. Nos primeiros anos de sua vida terás muitas dores de ouvido por conta do ato praticado. Mas lembre-se, não afetará sua inteligência portanto não te prevaleça da sua invalidez. Sua visão do mundo será ampla. Por conta de sua sagacidade, trabalharás desde cedo. Mais tarde, viverá entre aqueles que já são seus conhecidos de outras épocas. Terás sim a oportunidade de constituir família, finalmente. Sua mãe parte cedo depois do nascimento do seu primeiro filho. Mas esperamos que você já esteja com parte de seu sonho realizado. Será difícil, sim, no início, mas terá suas compensações.

Mesmo com todas essas dificuldades, como você é motivado e laborioso, além da realização pessoal, a amizade por onde passares lhe confortará. Será motivo de exemplo a muitos assim como elemento de abuso por partes dos desrespeitosos.

Mas não por ser deficiente! É por conta das mazelas humanas existentes em cada um. Sempre há os que tiram vantagens; se fazem isso com os "normais" que dirá de uma pessoa que a princípio é um surdo mudo.

Antony ouvia cada palavra. Sua mente parecia que não conseguia processar as informações ali contidas, era uma experiência, a principio, estarrecedora.

No fundo já sabia. Algo difícil seria com certeza, mas não havia pensado nessa possibilidade? Seu olhar dirigiu para seu amigo Solano, respirou fundo e falou;

–Obrigado Jucelim pela explicação. Só não sei onde vou arrumar paciência e humildade para tudo isso! Como nascer sem falar, meu Jesus essa vai ser demais! Eu que sempre comandei, tomei decisões, e agora essa?

– Não se preocupe tanto. Pense nas coisas boas, amigos sinceros, luta com resultados, família, filhos... Tudo compensa. Assim é a bondade Divina, nunca ficamos abandonados.

Solano que até então presenciava, colocou as mãos em seus ombros e falou:

– Temos um tempo meu irmão para discutirmos e você será vencedor como sempre foi!

– Me ajudem, por favor, eu preciso primeiro engolir essa façanha que vai ser minha jornada! "Mudo"? Olha o que arrumei amigos? Sair daqui já é triste, saímos com tudo acertado, mas lá entram as decisões que imaginamos serem as certas, sem contar às pessoas que nos arrastam, envolvem-nos, tomamos caminhos errados, acumpliciamo-nos e agora mais essa?

Levantou e em uma atitude já inconsciente por conta do comportamento de tantas vidas bateu continência diante de *Solano* dizendo;

– Que seja!

– Obrigado amigo vou remoer isso. Saiu em direção ao jardim fazendo o que não queria. Ia reflexionar sua existência.

Estava sim compreendendo. Era orgulhoso, o que lhe faltava era humildade. Fora por orgulho ferido o ato praticado, preferindo a morte que uma rendição, tão normal, ou se perde ou se ganha.

Esqueceu que em uma guerra não há vencedores!

Suas ordens obedecidas ao extremo, não só pela sobrevivência, mas na vida pessoal também, tornou-se pragmático, intransigente; parecia que a farda que ao longo das encarnações mudavam de aparência diante de cada necessidade, estava como que grudada ao seu corpo. Há tempos sabia que sua atitude afastava as pessoas, ele não conseguia mais separar o compromisso da vida pessoal. Já sabia, só não admitia, pois seu orgulho não deixava e a família não vinha por conta de seu comportamento. Foi árduo seu trabalho. Sentia-se útil, mas perdera o equilíbrio e competência para isso ele tinha.

A gota d'água fora o suicídio! Agora estava feito, não havia retorno e Solano, Agripino, seus amados amigos, estavam certos como sempre. Seu reencarne como deficiente ia sim ser de grande proveito, não exerceria pelo menos com palavras sua autoridade.

Começou a rir sozinho no início e, aos poucos, depois gargalhou a vontade. Tereza que passava por ali encantada perguntou?

– Que isso Antony eu também quero rir!

– Ai... Tereza minha amiga vou ser mudo! Tereza entendendo a extensão do caso riu com vontade!

Sabe Antony eu já passei por isso!

– Como, verdade? Podes me contar?

– Sim com prazer, fuxico amigo, e muita leviandade!

– Eu tive uma vida em épocas remotas, minha língua não cabia na boca. Infeliz, feia, sozinha, mas muito rica. Pertencia á nobreza! Meu prazer era destruir quem era feliz, minha mente fértil fazia das mentiras inventadas ou acrescidas por mim uma verdade inexorável. Com lacaios contratados de propósitos a cata de situações que pareciam comprometedoras, ai eu fazia o resto em saraus e noites nababescas! Muitos casais foram "metralhados" por mim, e sem bazuca!

Antony que há muito estivera triste riu tanto se sentindo em casa, ali eram os seus!

– E me diga *Tereza* como foi ser muda?

– Háaaaaa eu continuei ruim, com gesto acredite se quiser, mas foi verdade! Mas, graças a Deus, muita gente não acreditava, eu era na maioria das vezes motivo de piadas. Riam da mudinha fuxiqueira. Antony gargalhou com vontade!

– Mas *Tereza* me diz, como você avaliou essa vida?

– Bom, para mim foi a redenção para esse defeito. Eu não prestava atenção ao sofrimento alheio, nada movimentava meu coração. Com essa vida longa e sofrida em silencio absoluto, eu tive que olhar a todos em seus rostos, ver suas expressões, perceber que eu era defeituosa.

Que havia um mundo onde todos se falavam e eu era excluída, a minoria, e deste mundo privilegiado eu não fazia parte. Cada gesto, cada expressão de dor, alegria, eu havia que captar e saber quando brincavam ou falavam serio! Ou seja, aprendi finalmente á dar valor nos detalhes que até então para mim não faziam sentido. Assim eu aprendi a respeitar a individualidade das pessoas.

Antony conformado disse:

– Bom... Vamos resolver isso amiga se para você foi bom para mim também será e que meu bom Deus me ajude!

– E sim *Antony* foi bom falar contigo, agora tenho que ir precisamos falar com Ighael!

– Nossa... Posso ir com você? Esse amigo me é caro!

– Ainda não Antony. O caso dele ainda carece de cuidados. E saiu deixando-o com seus pensamentos e novas atitudes.

Aguimar já esperava Tereza, eles eram encantados com a vida de Ighael. De há tempos estudavam seu caso e agora teriam a oportunidade de falar com ele. Solano os designara para tão honrada tarefa!

Capítulo 1 2 3 4 5 6 7 8 9 10 11 12

Afinal não era sempre que tinham o privilégio de conversar com um espírito que teve uma de suas vidas entre os Celtas. Uma reencarnação em período tão remoto, entre duzentos e trezentos anos antes de Cristo. Uma cultura espetacular que atingiu quase todo continente Europeu e boa parte do mundo.

Onde quer que se vá se formos procurar ha algo da tradição dos Celtas. Eles não escreviam em papiros, suas tradições eram contadas através de músicas, portanto fáceis de serem lembradas. Cultuavam a natureza, as árvores eram adoradas como se fossem templos, onde faziam suas oferendas.

As mulheres desempenhavam papéis de igualdade, eram comerciante e guerreiras, suas opiniões eram respeitadas. Raramente faziam templos para suas adorações aos Deuses.

Eram guerreiros temidos por onde passavam. Entre eles existia a convicção da causa e efeito, o homem era livre para fazer o que quisesse, mas igualmente responsável pelos seus atos e pagaria de qualquer jeito ou nessa ou em outra vida. Havia comunicação do plano físico com o espiritual, por esse motivo a Igreja Romana trabalhou com afinco no sentido de dizimar suas culturas, foram considerados parceiros do demônio.

Ighael nessa vida era um dos **Vates**, aquele que falava com os espíritos, ou seja, **um médium**. Entre eles a cultura e a filosofia era algo estruturado. Foram tão intensas suas convicções que em muitas das tradições dos Cristãos na época das reuniões em catacumbas havia muitos costumes dos rituais Celtas.

Em outra oportunidade, veio a nascer entre os Hunos, no norte da Mongólia, no período do século sete e oito, vindo a ser um dos chefes de clãs respeitados e temidos pela imposição não só de sua capacidade de liderança, mas também pela sagacidade espiritual. Fez seu trabalho condizente com a época em que vivia. Participou, também, no período do reinado do grande Genghis Khan, sendo um dos milhares de soldados que lutaram contra o regime desse guerreiro mercenário e temido.

Por onde passou deixou sua marca e desempenhou seu papel com maestria, ceifando vidas inúmeras vezes assim como também fora vítima.

Deixava dezenas de filhos espalhados por onde passava.

Quando foi convidado a nascer no novo continente sentiu-se feliz. Com a chegada do homem branco ao novo continente houve muitas guerras entre os nativos pelos continentes das Américas. Um massacre desigual em todos os sentidos. Não fora apenas o contraste da cultura e o choque psicológico por parte dos nativos, sim por que por parte dos europeus, era apenas questão de tomar o continente que passavam a dominar.

Entre os exploradores essa sistemática já era ponto facultativo, nada para eles eram surpresas. Estavam acostumados a essa ocupação desde tempos remotos. Enquanto que para os silvícolas do novo mundo era algo sem explicação. Diante desse fato, entre um confronto e outro, houve massacres sem precedência!

Ighael ao reencarnar com essa missão veio a ser um dos chefes de uma tribo no norte das Américas, tornando-se um cacique respeitado e temido. Postergou por mais de um século a dizimação de uma cultura.

Entre uma guerra e outra, levou sua tribo para lugares isolados, permitindo, assim, uma sobre vida entre aqueles seres relativamente inocentes. Lutou com o homem branco, agregaram outras tribos as suas ideias, defenderam seus direitos tornando-se uma lenda. Desencarnou já em idade avançada.

Sua jornada continuou! Vindo a ser um lutador contra as causas dos costumes relacionados a escravidão, nessa vida foi decapitado. Em tempos modernos, na era da imprensa e jornalismo, sua postura contra a imposição do clero e do reinado vigente, em defesa dos humildes. Pereceu em julgamento público, sendo queimado vivo diante dos aplausos da massa ignorante por quem ele havia tanto lutado.

Depois disso teve outras oportunidades de cunho pessoal, vidas curtas aos olhos terrenos. Uma com apenas sessenta e cinco anos, outra com quarenta e sete, ambas com desencarnes por doenças degenerativas. Sendo essas duas últimas recentes.

No lar dos Amigos era amado e respeitado, e *Tereza e Aguimar* teriam pela frente esse delicado trabalho. Sentiam-se minúsculos diante de um espírito como ele. Esse sentimento de Tereza e Aguimar, na verdade, era humildade. Se Igháel fosse já iluminado, não estaria ali. Mas que era um espírito que impunha respeito não havia dúvidas; se fosse fazer uma comparação em termos terrenos, eles seriam seus fãs!

Sua estada no Penhasco estava no fim, havia de voltar.

Saíram em direção ao pavilhão onde se encontrava esse amigo! Seu estado era de apatia. Nada o movimentava. Era como se o universo não existisse e justamente ele que já vivera tudo isso se encontrava assim.

No pátio havia um banco de madeira rústico embaixo de um carvalho, essa árvore era a mais imponente que havia naquela parte do jardim, ele ficava sentado por tempo indeterminado, como se estivesse ali por toda eternidade, sem sair do lugar.

Ighael sabia que não ficaria assim para sempre, novos rumos viriam, mas onde estava a motivação? Sentia-se entediado, cansado de tudo, suas últimas vidas aos seus olhos foram estúpidas, sem propósitos, está certo... Limpou um pouco sua áurea, mas ele ficou com a sensação de que foi pequeno, ou seja, muito barulho por nada.

No entanto onde estavam suas raízes? Quem ele amava? Ou quem o amava? Ele sabia; seus companheiros ali no Penhasco queixavam as suas perdas, filhos esposas. Laços, onde estavam os seus? Ele, na verdade, passou pela Terra e desempenhou funções até dignas.

Ele saia e voltava com o serviço feito, mas... Sempre só!

Isso nunca foi questionado. Agora essa novidade estava deixando-o chateado. Ele deu-se conta de que o amor era importante. Não apenas o amor coletivo, mas o pessoal. Ou ele estava cometendo uma heresia ou os rumos de suas jornadas mudariam, sempre foi e veio sem questionar. E agora essa questão incomodava; do que sabia, isso era um sinal de mudanças. O que seria dessa vez? O que o Bom Deus reservava para ele?

Tereza aproximou e pediu licença sentando-se ao seu lado. Ficou bastante tempo calada, na verdade, procurava as palavras para abordá-lo. Aguimar por ali como se não quisesse nada! Igháel riu intimamente.

– Diga Tereza, o que te angustia tanto?

Ela levou um susto com a voz dele quebrando o silencio do parque!

– Ai... Desculpe, assustei-me. Também não era para menos, sua voz era imperiosa, sem contar sua indumentária –, era alto, parecia um gigante!

Ele olhou-a, sentiu que ela estava querendo dizer-lhe algo, mas não encontrava coragem.

– Não te sintas intimidada Tereza, fique a vontade.

Tereza riu...

– Como me sentir à vontade amigo? Eu tenho algo para dizer sim, mas não encontro as palavras.

Ighael entendeu o que ela dizia, afinal todos ao longo de suas vidas se sentiam assim em sua presença, talvez fosse isso a parte estragada de sua existência. Alguns, como seu amigo Solano, não. Com esse era ele que ficava sem palavras.

De repente ele se deu conta. Fora seu amigo que a mandou ali falar com ele; sentiu-se feliz intimamente.

– Comece falando amiga!

– Ighael eu estou sim constrangida, mas preciso falar contigo! É sobre sua nova proposta, mas eu sou inexperiente para estas colocações. E me mandaram justamente falar com você! Me sinto sem jeito, nem sei por onde começar... Mas eu tenho que ao menos tentar, portanto perdoe-me se eu for inconveniente sim?

– Não te preocupes tanto amiga. Eu sei, minha hora chegou, não é? Eu não adotei comportamento arredio, eu apenas preferi ficar com meus pensamentos. O silencio é um bom companheiro, mas tens razão em um ponto, estou muito cansado e desanimado, isso eu não posso negar. Eu aproveitei da bondade Divina, essa estada aqui para ficar um pouco comigo mesmo.

– Entendo *Ighael*, sei como é...

– Portanto considere seu trabalho feito. Diga à Solano que estou pronto.

Tereza saiu dali com a sensação de que não havia feito nada, ele realmente era especial.

No fim do dia Solano estava passando pelo parque quando foi abordado por Ighael.

– Olá... Amigo!

Saíram conversando calmamente...

– O que tens para mim?

Solano com um sorriso respondeu:

– Novidades! Acho que vais gostar. Sua hora chegou e com uma oportunidade interessante. Seu amigo Antony vai precisar de você.

Os dois olharam-se de forma marota.

– Sei! O que você tem para mim Solano é parecido com as duas últimas?

Este riu... Quase!

Nessa hora quem riu foi Ighael:

– Virgem santa!

– *Antony* vai para uma guerra e como vai também, que tal um ajudar o outro?

– Como assim amigo? Que guerra é essa?

– Pessoal, estritamente particular e difícil!

– E onde eu entro nessa história apesar de gostar muito de Antony?

– Você precisa voltar não é? Também em condições íntimas, então acharam melhor assim, que você me diz?

– Eu vou a condições íntimas novamente...?

– Sim amigo, é preciso você saber disso!

– E como eu vou dessa vez? Já perguntou com um sorriso.

– Bom... Você vai voltar bem diferente do que é. Enquanto conversavam caminhavam pelo magnífico vale.

– Você nascerá de família estruturada psicologicamente e financeiramente, terá pais amorosos e preocupados com seu bem estar. Seu porte físico será bem diferente, será franzino e um pequeno homem, sua inteligência com a abrangência que lhe é peculiar, na juventude desenvolverás o gosto pela filosofia da vida. Será um grande estudioso das questões da alma. Apresentará dificuldades de relacionamentos por conta de suas vidas pregressas. Você viverá em família como há muito tempo não faz. Não viajará pelo mundo desbravando nada, a não ser você mesmo!

– Sim estou começando a entender; e onde entra Antony nisso tudo?

– Ele será muito pobre e surdo mudo, uma amizade sincera fará bem aos dois. Um ajudará o outro. Mas ele não sabe que será você seu grande amigo, é melhor assim.

– Entendi! Na verdade estamos os dois bem enrolados não é?

– Nem tanto, eu já passei por isso, foi muito bom para mim. Nem tudo que é bom para um serve para o outro, mas Deus e a espiritualidade maior sabem o que faz e, com um pouco de fé, prudência e sapiência poderás voltar bem melhor. Digamos que são mudanças de rumos, aprendizados novos.

Ighael ouvia em silêncio a explicação do amigo, ele sabia, Solano era porta voz, não o responsável por decisões. Haviam espíritos capacitados para isso, ele apenas auxiliava a todos com amor e dedicação. Apenas os espíritos ainda equivocados ficavam magoados com ele.

Não era seu caso.

– Está certo, Solano. Eu fiquei sim hibernando em meu mundo, mas isso não me permite fugir de responsabilidade, se eu pudesse jamais nasceria, você sabe disso, não é? Quando me lembro da jornada eu sinto cansaço, me desculpe, mas dizer a verdade é importante.

– Você não é diferente de ninguém Ighael, todos nós passamos por isso, quando há uma mudança de direção em nossa vida sentimos medos, insegurança, é normal esse estado. Agora a guerra interna é a pior delas, nossos defeitos íntimos são camuflados por nós com maestria.

Quando iniciamos o caminho do conhecimento interior, deparamos com nossos fantasmas reais e imaginários. E para resolver essas questões normalmente precisamos de convívios difíceis, com quem vão ser nossos parceiros em forma de parentes e amigos. Quase sempre um aprendizado para eles também, isso gera angústias precipitadas por conta de nossa inferioridade.

Sempre voltamos em laços já existentes de outras vidas, questões mal resolvidas e assim por diante, você já sabe disso amigo melhor que eu.

Ighael de repente encontrou inúmeras perguntas, mas por educação e por saber também que às vezes é melhor não saber. Ficou calado!

O voto de confiança em Deus deveria começar ai.

Mesmo por que ele já sabia.

Quando chega a hora ou vai, ou vai!

Despediram e Ighael voltou ao penhasco deixando Solano à vontade, na hora certa é só avisar, de sua parte não haveria resistência.

Ele estava pronto, guardaria sua insatisfação para depois, quem sabe essa não seria despojada de si? Uma coisa era fato; infeliz do jeito que ele estava, não era bom sinal. Essa nova vida, ser criança novamente, ter família, irmãos era sim muito interessante, que Deus o ajudasse, ele ia tentar fazer o melhor!

Quando chegou ao Penhasco, na entrada da muralha sentiu alegria e uma saudade antecipada, por uns dias iria distanciar dali.

De repente bateu uma alegria, sentiu-se motivado, por que não?

Apressou o passo, avistou Antony, cumprimentou-o alegremente, ia sim ser bom tê-lo por perto, um elo estabelecido entre os dois já de outras épocas! Agradeceu ao seu Anjo protetor por mais esse carinho!

CAPÍTULO 1 2 3 4 5 6 7 **8** 9 10 11 12

Jonas estava nervoso, nunca havia acontecido isso com Miguel. Seu filho cresceu, hoje está com vinte e três anos fazia tempo que não adoecia agora essa crise. Foi tão estranho. No café da manhã ele já não quis comer, amanheceu quieto, sem a alegria estampada no rosto.

Passou o dia assim e ele preocupado observando, perto das quinze horas, ele enlouqueceu, de uma forma que precisou chamar a ambulância para levá-lo, seus vizinhos ajudaram a segurá-lo. Como era forte e não sabia a força que tinha, bateu em quase todos. Sendo assim hospitalizado, agora ele esperava o diagnóstico do médico, eles foram obrigados a sedá-lo. E ele ali rememorando sua vida entre a espera preocupante.

Quando Dora foi embora, ele aproveitou uma crise no comércio na área automobilística, as firmas fizeram demissões com acordos. Na verdade ele era um dos que ficariam na empresa, mas era essa sua chance de sair de Santo André. Falou com seu chefe e como ele sabia da sua vida ajudou-o. Pôs seu apartamento a venda e depois de oito meses fechou negócios e viajou até Ubatuba.

Comprou uma chácara pequena com uma casa boa, e fez dali sua nova morada. O mar faria bem a ele e seu filho, uma qualidade de vida esperada. A chácara ficava entre outras magníficas, a sua era simples, mas era seu lar.

Colocou uma placa oferecendo seus serviços de reparos em eletrodomésticos, vivia disso e muito bem. Seus vizinhos ofereciam ao seu filho amizade e aceitação, sem contar que com ele junto houve desenvolvimento considerável em sua personalidade, o garoto o ajudava e bastante.

Dona Marina ficou com eles perto de dois anos depois que Dora se fora e voltou para sua cidade natal, na época Miguel sofreu muito com a partida da amiguinha. Parecia que a partida da menina representou toda angústia da perda mãe! Por conta disso não arrumou mais pessoas para morar com eles, havia sim a senhora que trabalhava na casa, apenas isso. E ele por sua vez, sempre houve namoradas, algumas até interessantes, mas determinou não mais estabelecer laços duradouros.

Tudo no início era interessante, o dia a dia com Miguel era trabalhoso e ainda não havia encontrado uma mulher que lhe passasse confiança a esse ponto. Pelo contrário, fez amizade com pessoas especiais, que lhe apresentaram a filosofia espírita, já havia ouvido falar de Chico Xavier, mas sempre assim sem grandes importâncias.

As leituras aos poucos foram entrando em sua vida, hoje é um estudioso convicto, suas angústias hoje encontram explicações. Não se sente ainda preparado para muita coisa, mas conforto tem.

Entre um pensamento e outro o médico veio com a notícia; seu filho estava com crises de rins, havia pedras na bexiga, que ele fosse para casa, haviam de fazer mais exames. Agora ele entendeu, a dor muito grande, como ele não sabia explicar, perdeu o controle.

De um lado alívio, de outro a preocupação continuou, mas pelo menos já sabiam. Entrou no quarto para ver se seu filho estava acordado, conversou com ele, explicou o que o médico ia fazer, ele não gostou muito, mas concordou. Saiu dali conformado e foi para sua casa, mas já havia perdido o dia de trabalho. Saiu e foi andar na praia, essa hora era a sua preferida, gostava do entardecer, ver o mar engolir o dia e aparecer às estrelas.

Caminhou bastante até chegar perto de movimento de pessoas, o burburinho das crianças, jovem jogando era bonito de ver. Percebeu um homem de idade indefinida, era um catador de lixo na praia, pessoas como ele viviam desses trocados.

Uns jovens estavam brincando com ele de maneira desagradável.

Esperavam ele pegar as latinhas, os frascos e depois jogavam na areia novamente espalhando tudo e já haviam feito isso várias vezes. Ele, irritado, chamou-lhes a atenção pondo-os para correr.

Ao tomar essa atitude, o defendido caminhou em sua direção e agradeceu, ele percebeu nos olhos daquele homem um sofrimento grande, essa vida é madrasta. Além de sofrer ainda é humilhado!

– Muito obrigado meu senhor, esses meninos não estavam me deixando trabalhar, e justo hoje...

Jonas sentiu uma sensação estranha. Sabia que não devia continuar o assunto, eram tantos catando lixos, cada um com uma vida pior que a outra. Estender o assunto era entrar na vida da pessoa sem poder fazer nada. Sem contar os falsos catadores que na verdade batiam as carteiras dos turistas dando trabalho a polícia. Mas aquele homem não parecia pertencer a esse grupo, sem querer quando viu já havia perguntado o porquê de tão importante justamente hoje?

– Meu tempo hoje, moço, encurtou. Eu fazia esse trabalho que me rende uns trocados no dia a dia e hoje, minha filha está em casa, a creche a dispensou e a minha vida vai ficar bem puxada daqui para frente.

Ele devia ter ficado calado, agora era tarde!

–Sua filha é doente senhor?

– Não amigo, vende saúde, graças a Deus, mas é deficiente, vive em uma cadeira de rodas, completamente incapacitada. Deixei-a com minha vizinha apenas por poucas horas e já estou voltando, tenho que levar um leite, se o senhor me der licença...

– Você trabalha sempre por aqui?

– Sempre moço. Obrigado por me defender, foi de grande ajuda. E saiu com seu carrinho cheio de coisas.

Jonas ficou ali na praia consternado. Meu Deus! Ele que vez outra questiona a Deus pelo seu filho? Ali está um homem catador de lixo com uma filha aleijada!

Foi para casa sem conseguir esquecer o tal homem.

Alberico empurrava seu carrinho rápido até o local de entrega, iria comprar leite e pão, seria esse o jantar de hoje. Deus era bom sim, aquele senhor veio ao seu socorro. Na praia as moças jovens não sabiam das voltas que a vida dá! Mal sabem eles se rico ou se pobre, "a porca sempre torce o rabo se não for rabicó".

Ele na verdade não se sentia ofendido. Achava infantilidades da parte deles, não ficava procurando a maldade das pessoas, procurava ver o lado bom, esse mundo já era muito ruim.

Sua vida não fora nada fácil, graças a Deus seu irmão do meio foi para São Paulo há muitos anos, estudou e hoje é um funcionário do banco do Brasil e por conta disso hoje cuida sua velha mãe que há muitos anos não vê! Muito raramente tem notícias. Sua cunhada não é flor que se cheire. Uma vez Belinha estava muito mal, ele saiu de onde morava e levou sua filha ao médico na capital e não foi bem recebido de jeito nenhum. Também não era para menos, ninguém quer ter parentes aleijados em cadeiras de rodas morando em um apartamento como aquele. Foi uma vez só, para nunca mais! Sua condição de pobre nunca o envergonhou nem sua filha, mas na casa do seu irmão sentiu a vergonha de causar incômodo.

Seu irmão caçula mora em Salvador, a última noticia que teve dele já estava com oito filhos, minha nossa senhora que despesa grande devia ser?

Veio para Ubatuba com muita esperança, cuidar de uma chácara de um senhor rico de Votuporanga, esse homem gostava dele, disse-lhe que ali na casa da praia ele poderia usar a casa do caseiro como moradia, cuidar sua filha e também o seu patrimônio!

Morou ali oito meses, por conta do destino que parece que só lhe pregava peças veio a falecer esse senhor! Venderam a chácara para a partilha de bens e ele novamente jogado ao relento!

Seu recurso foi procurar a favela, com um amontoado de tralhas encontradas aqui e ali, fez seu barraco e alojou-se com sua filha.

A assistente social que fazia um trabalho humanitário conseguiu uma creche, na época Belinha estava com três anos. Aos poucos foi ajeitando sua moradia. Como não era homem de vícios, seu dinheiro era contado para as necessidades. A favela não era tão longe assim da praia onde fazia seu trabalho.

Quando dava pegava serviço de pedreiro, mas nada fixo, sua filha a qualquer momento precisava dele. E carteira assinada era compromisso. Estudo não tinha e hoje sem estudo não se é ninguém. Tudo ele aceitava, vida difícil, pobreza, sua amada filha daquele jeito, apenas uma coisa ele achava demais. A perda de Damiana. Deus bem que podia ter esperado mais um pouco para precisar dela! Ele sabia que não devia se revoltar com a morte, apenas era difícil aceitar.

Nunca quis casar, achava sua vida sem futuro e família exige segurança, pois que normalmente vêm filhos e um homem sem chances de crescer na vida é complicado e ele realmente não teve chance. Seu irmão foi abençoado, seu padrinho levou-o para capital, enquanto ele continuou cortando cana para cuidar da mãe e do outro irmão, seu pai muito doente, viviam do seu trabalho. Depois do falecimento do pai e de sua mãe foi para casa do seu irmão, nasceu uma neta e lá ela ficou até hoje, melhor assim.

Damiana também cortava cana, era uma moça alegre, bonita. Muitos ali eram interessados nela, mas ela engraçou justamente com ele. No início achou que ela estava brincando, afinal já era um homem de trinta e dois anos e estava cheio de jovens, na volta, no fim do dia, ela dava um jeito de sentar perto dele no ônibus que os levavam.

Sua família já tinha ido embora daquela região, suas roupas eram feias e não havia nada que uma moça bonita como ela pudesse achar especial. Acreditou mesmo no dia do casamento, e não é que era verdade? Ela o amava e como foi fácil vê-la tomar conta de sua vida! Moravam em uma cidadinha pequena quase do tamanho do quebra mola da BR.

Foram felizes por quatro anos e mais felizes ainda com a expectativa do filho que já estava a caminho. Havia que trabalhar dobrado com essa surpresa vinda de Deus, ele na verdade jamais se vira casando, quem dirá pai.

Chegando à sua casa, suas lembranças se foram também. Ele já pensou isso tantas vezes que já havia decorado cada palavra!

Entrou barraco a dentro e foi até sua filha.

Tocou seu rosto com carinho, essa o olhando sorriu feliz! Ela ficava agitada suas mãos torcidas mexiam, ela acalmava quando ele as segurava.

Seu cabelo estava penteado, sua vizinha era boa pessoa, era uma troca justa. Ela o ajudava e ela podia se valer de sua pequena horta, isso quando os ladrões não colhiam tudo na calada da noite!

Fazer o que? Agradeceu Dona Lúcia e deu a ela uma lata grande que havia achado pela rua. Essa ficou feliz, a água era comunitária, vinha de torneiras até aquele lugar. Poucos tinham dinheiro para comprar mangueiras e ele estava bem feliz, a sua já estava quase comprada, guardava seu dinheiro escondido em um buraco no chão embaixo da cama.

Deu comida à sua filha e foi arrumar o telhado de Dona Zumira, na última chuva o vento levou tudo. Na favela era assim, uma mão lava a outra.

À noite, viu TV no barracão do Bidú, esse era de origem suspeita suas aquisições, mas fazer o que, nada é perfeito mesmo, além do mais ele que se arrume com sua consciência, mas que dava gosto ver Belinha com os olhos pregados na tela. Ah! Isso dava!

De resto era esperar o novo dia e começar tudo novamente!

Nessa noite do outro lado da praia... Jonas gastou boa parte dos seus pensamentos naquele homem catador de lixo e tomou uma decisão, afinal não podia passar a vida enclausurado no seu problema, já era hora de ver que ele não era o único! Na verdade, ele, no fundo, sentia-se vítima, isso sim!

Sentiu vergonha de seu comportamento.

Encheu uma caixa de alimentos e depois de visitar seu filho, no dia seguinte iria procurar aquele senhor até encontrá-lo.

No hospital recebeu a notícia que seu filho precisava ser operado, um dos rins havia atrofiado, sem contar as pedras na bexiga, na verdade o médico estava bem preocupado. Iriam ver se um dos médicos especialista poderia fazer, se não houvesse vagas em sua agenda provavelmente levariam para capital.

Saiu dali bem descontente, passou na relojoaria do Sampaio, seu amigo, um dos frequentadores do seu grupo de estudo no centro espírita Maria Madalena. Conversou bastante, desabafou suas angústias, o mais certo era confiar em Jesus e o resto era com os médicos.

Despediu e foi para praia, parou seu carro o mais próximo que podia do local que havia visto o tal senhor. Não levou muito tempo avistou-o cumprimentando;

– Bom dia senhor! Aquele dia não me apresentei, sou Jonas.

– Bom dia senhor Jonas, eu sou Alberico já estou aqui na lida!

– Pois então, eu tomei a liberdade de trazer algumas coisas para sua filha, não é caridade é solidariedade. Eu imagino o que deves passar, eu também tenho um filho parecido com a sua.

Alberico tirou o chapéu e seus cabelos já embranquecidos, o vento brincou com eles, seus olhos se encontraram e Jonas teve a nítida impressão que o conhecia não sabia de onde?

– Mesmo amigo? como assim parecido com a minha filha?

– Meu filho, Miguel, senhor, é excepcional e está nesse momento internado no hospital e não está nada bem seu quadro de saúde!

– Virgem Santa moço, que coisa triste. Eu às vezes fico pensando e agradeço a Deus a saúde de Belinha, mas olha moço... Essa vida apronta com a gente não é? E sua esposa está cuidando dele?

– Nada seu Alberico, eu cuido meu filho sozinho!

Nessa altura do assunto os dois já haviam chegado até o carro, onde Jonas retirou a caixa colocando em seu carrinho!

– É amigo acho que se fossemos irmãos não teríamos a sorte tão parecida! Minha mulher Deus levou dois anos depois que Belinha nasceu. Segundo o médico, nosso sangue não combinou, mas pode apostar, a única contenda foi essa, fui muito feliz com ela, era minha força, depois disso fiquei só cuidando meu anjo!

– É isso que minha filha é para mim.

– Invejo você amigo, no bom sentido, eu não tive esse privilégio, minha mulher abandonou-nos, não conseguiu viver entre nós!

– Sabe Alberico, tenho amigos que poderiam ajudá-lo um pouco mais, se eu conseguir você aceita?

– Com certeza, nas condições que vivo tudo que for de coração e não causar prejuízo a ninguém eu aceito.

Despediram. Jonas ia falar com o pessoal do centro espirita e ver o que poderiam fazer! Foi reto para casa (havia pegado um bom trabalho) verificar toda fiação da mansão ao lado, fora vendida para um advogado e já que não podia fazer nada em relação ao filho o trabalho seria uma ajuda para passar o tempo.

Deixar a vida correr pois a natureza é sabia...

CAPÍTULO 1 2 3 4 5 6 7 8 **9** 10 11 12

O sobrado era magnífico, pintado de azul e laranja destacava entre as casas, uma construção reformada pertencente á uma família tradicional daquele lugar. Antes era uma chácara, a cidade foi crescendo e os proprietários resolveram morar ali.

Da sacada avistava a enseada, lá na praia o mar quebrava suas espumas brancas. Celina voltava da psicóloga entre essa visão maravilhosa ponderava mais animada, também não era para menos, não sabiam mais o que fazer com o seu amado filho.

Quando engravidou foi uma surpresa sem tamanho, eles brincavam que já haviam encerrado a fábrica. Seu filho mais velho já com dezessete anos e Martina com quinze, foi o tal temporão. Uma gravidez complicada, mas com todo cuidado foi possível o nascimento de Artur, nasceu doente, foram dois anos para recuperá-lo, hoje é um garoto de constituição física pequena, mas agora saudável, alimenta-se muito mal, a carne é quase veneno em seu organismo.

Diferente das pessoas da família, seu marido e filhos são altos, fortes, atléticos. Sendo de origem europeia são brancos, de cabelos pretos, Artur é moreno claro, de cabelos castanhos como sua avó materna, e ranzinza como ela! Diogo não preocupava muito com o filho, dizia a ela que deixasse o garoto em paz, que com o tempo ele se ajeitaria na vida!

Ela entendia, afinal seu trabalho era estressante e não sobrava muito tempo para coisas de casa, quando era doença mesmo, ai sim! De resto ficava com ela.

Mas Justina que estava certa, era sua funcionária há mais de dez anos, esse menino está demorando demais a se enquadrar no seio da família. Seus filhos já trabalhavam, faziam faculdade, não eram crianças para brincar com ele, amavam-no, mas era o rapinha de tacho da família, quando dava saiam com ele ao shopping.

Ele não se importava, vivia em seu quarto, se deixasse não comia, e não falava com ninguém. Na escola tirava boas notas, mas sempre em seu canto, e quando abria a boca para perguntar a professora sentia-se intimidada as perguntas não eram compatíveis com sua idade.

Hoje, com nove anos, quer saber de onde viemos e para onde vamos após a morte. Seus amigos de escola o apelidaram de "Esquisito", muitos nem sabem seu nome, ele não fala com ninguém, entra mudo sai calado! Esse comportamento antissocial preocupa a direção da escola, sendo um colégio particular, com um currículo invejável seus dirigentes primam pela aplicação do aluno. Estão atentos a todos e sempre em contato com os pais.

E Celina não fora abordada apenas essa vez.

Sua postura arredia em relação ao outros alunos é sempre motivo de preocupações. Em épocas de festas e comemorações, ele simplesmente se recusa a participar de tudo! Por esse motivo a visita a psicóloga, pelo menos dessa vez como foram feitas várias reuniões com os pais, a psicóloga finalmente se convenceu que ele tem em casa estrutura familiar e é amado.

Celina voltou para casa pensando no que poderia fazer para que seu filho entrasse no mundo, era como se ele vivesse em uma bolha! Talvez seu marido que estivesse certo, se parasse de preocupar e o deixassem quieto ele viria!

A única coisa que ele realmente gostava e fazia todos os dias era depois da aula pegar sua bicicleta e dar uma volta no bairro!

Não era arredio a carinhos dos pais e irmãos, recebia seus abraços, desde que partisse deles.

Quando seus filhos mais velhos eram crianças, a casa era um burburinho, com ele silêncio total. Parecia que não havia criança em casa. Dessa vez ela iria sim, tentar deixá-lo para ver seu comportamento.

Amava seu pequeno e por ele tentaria de tudo até mesmo ficar quietinha em seu canto. E iria conversar com seus parentes de mais idade para descobrir se havia existido alguém assim. Quem sabe havia saído com a personalidade de algum parente! E confiar um pouco em Jesus, segundo dizem "a fruta não cai muito longe do pé". Que Deus a ajudasse...

O dia nasceu bonito, de manhãzinha quase antes de o sol nascer, era rotina na vida de M. Dolores levantar e se arrumar para ir ao seu trabalho, abria a porta do seu barraco e agradecia a Deus por mais um dia. Não era dada a ir a missas, nem a qualquer outra religião, mas de uma coisa ela sabia, só por Ele ainda encontrava forças para continuar sua amarga vida.

Era difícil muita coisa em sua existência, já havia se conformado com tudo, mas essa novidade não estava em seus planos agora, percebeu que a insegurança é um sentimento ruim.

E que coisa besta essa agora! Nunca teve nada! Era sempre a mesma coisa, levantava enquanto seu filho se arrumava, ela fazia o chá e ficava pensando essas coisas, já era hora de parar com isso! Atrai coisa ruim.

Sua vida foi ruim, ponto final. Não conheceu seu pai, sua pobre mãe viveu até seus quatro anos, era muito doente ficando com sua avó, depois com sua tia; essa era sua família. Fora bem criada, responsável, mas como eram do interior foram para a roça mesmo. Com os anos o vilarejo foi tomando ares de cidadinha.

Construíram um posto de gasolina muito grande, além de empregos para muita gente, as pessoas faziam paradas, sua tia arrumou uma barraquinha e vendia produtos feitos de milhos e dava um bom dinheiro.

Enquanto ela, já com vinte e um anos, arrumou serviço de ajudante de cozinha no restaurante do posto, as pessoas foram construindo casas em volta e abrindo ruas, havia rumores de que iria virar comarca, aí teriam o seu primeiro prefeito.

Ela já estava bem estruturada, já havia saído da condição de ajudante, o posto funcionava vinte e quatro horas, eram necessárias duas cozinheiras e ela era uma.

Ao completar vinte e quatro anos apaixonou-se por um rapaz.

No posto sempre havia manutenção dos equipamentos e foi assim que conheceu Jair.

Ele vinha toda segunda feira fazer manutenção dos maquinários e como ela era tímida, ele pediu para ela que guardasse segredo por enquanto em relação aos dois, que quando tivessem comprado tudo para o casamento, seria uma notícia certeira. Não viu nada de anormal nesse comportamento, além do mais, ela era calada; não vivia espalhando sua vida para ninguém, aliás, era moça séria e querida por todos.

Começou a comprar algumas coisas para o seu enxoval e um dia percebeu estar grávida, ficou muito feliz, afinal ele vivia dizendo que teriam pelo menos três filhos.

Como ela ganhava relativamente bem e ele também nada de pânico, casaria e seriam felizes. O amor faz dessas coisas, deixou-a cega, a única coisa que ela via pela frente era a oportunidade de ter uma família.

Numa segunda ela estava esperando-o para contar a novidade, mas ele não veio quem veio em seu lugar foi um substituto e nesse dia o exaustor da cozinha estava precisando de reparos. Enquanto esse moço fazia o serviço, ela triste na ponta da mesa cortando verduras e pensando sua novidade.

Havia que esperar, fazer o quê?

Seu patrão entrou para ver o que estava sendo feito e perguntou por Jair. O moço respondeu:

– Ah doutor! O Jair está enrolado!

Ao dizer isso ela ficou atenta.

– Ele não veio, sua mulher está de filho novo. Nasceu essa semana, ele ficou, pediu licença para cuidar os outros dois que ele já tem.

Uma onda de calor subiu em seu rosto, saiu da cozinha com as pernas moles foi ao lavabo, sentou ao chão, seu mundo desmoronou. Até hoje ela lembrava de cada palavra! Como que um estranho, uma pessoa que nunca se viu na vida, tem o poder de acabar conosco?

Pois foi!

Graças a Deus, no dia seguinte era sua folga. Ela saiu e foi ao rio, sozinha, passou o dia inteiro tomando sua decisão. Não iria permitir uma vergonha dessas.

Na semana seguinte, quando ele veio, fez de conta que nada sabia, e desmarcou o passeio dizendo que sua tia estava doente. Arrumou suas coisas dizendo a sua tia que iria para outro posto da mesma companhia alguns quilômetros a frente o que foi uma ótima notícia. Sua prima estava para casar, com a saída dela o quarto ficaria para os noivos até arrumarem suas vidas.

E pediu para sua tia que era supersticiosa para não dizer a ninguém, era segredo essa sua promoção.

E no dia esperado, seu patrão era homem bom, mas nunca sobrava tempo para fazer a tal carteira assinada, recebiam por quinzena, saiu! Sua tia e familiares na estrada junto dela esperavam o ônibus e ainda invejavam sua sorte.

Nesses dias fazia duas coisas, tentava ser bem normal em seu trabalho e mostrava felicidade aos seus e a noite chorava até de madrugada!

Na viagem pediu perdão a Deus pelo ato, com nítida impressão que não suportaria a vergonha de ter sido enganada ia pagar o preço do orgulho bem longe dali! Não aguentaria a brincadeira dos seus e amigos. Prometeu a Deus que cuidaria de seu amado filho como se fosse sua vida e dali para frente tomaria cuidado com quem cruzasse seu caminho!

Viajou, não ficando em São Paulo nem uma semana, achou muito esquisita aquela cidade. Foi até a rodoviária e achou muito bonito um nome: Ubatuba! Seguiu em frente até a beira do mar apaixonando pelas belezas daquele lugar.

Perambulou pelas ruas atrás de trabalho a ponto de dormir na rua.

Foi uma catadora de lixo na madrugada que se condoeu de sua tristeza. Levou-a para seu barraco e ela acabou fazendo dali sua morada, encontrou serviço e está nele há quase dez anos, funcionária exemplar e responsável.

Com o tempo seu barraco feito igual aos outros de todos os tipos de materiais encontrados na rua já tinha um banheiro e água encanada, um bico de luz, afinal era um cômodo só!

Era para estar melhor se o seu salário não fosse quase tudo para remédios, para infecção nos ouvidos de seu filho quase não existiam em ambulatórios públicos, eram antibióticos caros. Mas valia a pena, era seu amado menino a razão de sua existência. E o tanto que ele era especial, um presente de Deus, nasceu surdo mudo, mas de uma inteligência espetacular.

Era organizadíssimo de fazer graça. Sua cama era tão arrumada que parecia cama de soldado no quartel, seus chinelos e botinhas, além de limpos, eram arrumados certinhos na beira da cama. O seu barraco era o mais limpo de toda a favela e ele não admitia nada fora do lugar.

Quando ela chegava atrasada em casa, ele batia a mão no pulso e exigia explicação, sem contar que mesmo que não precisasse havia de cortar o cabelo dele uma vez ao mês estilo escovinha.

Não pegava nada de ninguém, sem que ela autorizasse. Era amado pelas pessoas, quando adoecia a preocupação era geral entre os vizinhos. E não havia encontrado escola para ele. Existia, mas do outro lado da cidade.

Ela trabalhava das seis até quinze horas, ele ficava em casa e ao lado morava a a vovozinha que acabava recebendo uns trocados e cuidava das crianças dali. Avaliando assim, sua vida estava boa, apenas a angústia da novidade que rondava seu sono.

Quando foi morar ali não sabiam dos planos da prefeitura, era área nobre e no futuro que era agora alargaram as ruas com pistas duplas, canteiros floridos no meio e logo em seguida começaram a construir mansões cada uma mais bela que outras. Transformou de tal forma ficando nítida a impossibilidade de uma favela ali, mesmo que fosse pequena como era perto de quinhentos barracos.

Agora veio a notícia: havia que mudar a partir do ponto da estaca. Por sorte seu barraco e de mais três vizinhos pertenciam à outras pessoas, todos foram removidos, para não dizer obrigados a mudarem, até agora não sabe como ainda está ali!

Mais dias menos dias vão ter que sair, do lado à construção já começou, vai ser um órgão do Governo. Acabou de se arrumar deixando seu filho com instruções para não sair, a vizinha avisada e foi trabalhar.

E seja o que Deus quiser...

Jonas estava animado, a cirurgia foi um sucesso segundo os médicos, ficou tão feliz que saindo foi ver se encontrava Alberico, as novidades para ele eram promissoras, havia falado com o pessoal ficou de marcar uma visita em sua casa com os amigos espíritas! Não o encontrou.

Na semana seguinte já havia passado quatro dias e nada de Senhor Alberico, mas ele não desistiu. Saía do hospital e dirigia-se à praia na tentativa de encontrá-lo. A felicidade era muito grande, logo seu filho iria para casa.

E dessa vez o avistou!

– Bom dia Alberico! Você sumiu amigo, tenho vindo todos os dias a sua procura!

– Como vai o seu filho! Eu não sumi não meu caro, estou é desesperado isso sim!

– Sua filha adoeceu?

Alberico deixou o carrinho, tirou o chapéu limpando o rosto, o sol estava quente e Jonas o chamou para tomar uma água de coco. Sentou na beira da calçada, agradeceu e começaram a conversar.

– Adoeceu e não adoeceu amigo! Na verdade eu tenho nesses dias brigado muito com Deus, disse isso rindo!

– Minha mulher está fazendo falta.

Jonas engoliu em seco, ele conhecia bem esse caminho.

– Sabe senhor Jonas, eu fico imaginando se as pessoas (e mostrou os transeuntes da praia estendendo o braço) têm ideia do que passamos na intimidade, pessoas como nós! O senhor vê o meu caso, eu jamais imaginei que viveria dias como eu estou vivendo. Minha filha está naqueles dias, com cólicas como se fosse uma mulher normal.

Chora muito, tive que levar ao médico e na hora do banho, de trocar ela, eu juro para o senhor, chorei muito! Isso não é trabalho para um pai fazer! Que falta me faz Damiana.

Jonas abaixou a cabeça, vermelho, pensando na inconveniência do destino. Sentiu necessidade de confortá-lo acabou dizendo:

– Eu sei amigo mais ou menos o que me diz, meu filho deu-me muito trabalho na puberdade. Ele não tem noção de vergonha, eu não quis arrumar mulher novamente, entre tantos motivos havia também esse. Foi muito difícil ensiná-lo a ter um pouco de pudor sem contar os calmantes que teve que tomar, foi embaixo de remédio! As pessoas não entendem e nem imaginam o que passamos você está coberto de razão!

Mas não vamos falar de coisas tristes, quero seu endereço, iremos a sua casa pela manhã. Alberico animado levantou, contendo a onda de alegria repentina que caiu sobre si. Quem sabe dessa vez teria mais sorte?

Naquela tarde enquanto Alberico remoia seus pensamentos no futuro cheio de esperança, o menino Artur abria o portão do sobrado e saiu pedalando sua bicicleta. Ficava dando voltas na calçada até no final da rua, e naquele dia estava passando uma máquina para escavação da construção ali perto, desviando os olhos para vê-la bateu em algo, voltou-se assustado, tinha atropelado um menino.

Esse caindo no chão em vez de brigar riu com vontade, acenando com o dedo perguntando se ele era cego? Artur ficou parado encantado, nunca havia visto um mudo de perto, sorriu de volta envergonhado.

O menino levantou e deu volta em torno da sua bicicleta. Seus olhos brilhavam, Artur desceu e deu a ele pedindo que desse uma volta! O mudinho olhou para todo lado rindo e encenando que não podia.

Artur insistiu!

O mudinho pegou um estilingue e entregou a ele mandando jogar uma pedra, ele disse que não sabia, esse mudinho riu com vontade mostrando na cabeça com as mãos orelhas de burro!

Artur ficando sério mostrou a bicicleta novamente... E os dois começaram a rir foi dessa forma que Antony e Ighael se encontraram. A partir desse dia, todas as tardes se encontravam, um aprendeu o que o outro não sabia.

A felicidade dos dois era contagiante, o mudinho pedalava e Artur já sabia acertar latas.

Certo dia Justina reclamou para Dona Celina que as roupas de Artur estavam muito sujas, coisa que não era normal, ele saia limpo e voltava imundo. Em contrapartida estava comendo melhor saia com frutas e chocolates quando ia pedalar.

Celina preocupou-se, falou com seu filho para ele dar uma sondada e ver o que estava acontecendo. Hoje em dia todo cuidado é pouco com os filhos. Dias depois seu filho veio com a notícia; Artur encontrara um amiguinho, era um garoto pobre da antiga favela, morava em um barroco e era deficiente.

Celina ficou preocupadíssima, falou com o marido, isso não estava certo! Diogo pediu calma. O garoto pode ser apenas pobre e mudo de resto um menino como outro qualquer, deveria ela ter paciência e esperar, se estava fazendo bem ao seu filho nada de precipitação. E com agravantes, como ele falava pouco se fosse podado assim de cara, poderia retrair-se mais ainda

Ela resolveu entrar em ação no sentido de trazer o tal amiguinho para perto de casa, e foi averiguar quem eram seus parentes. O que achou foi simples, uma mulher que trabalhava no mesmo serviço há anos, boa funcionaria e muito correta.

Por enquanto, o certo era esperar Artur comentar o assunto, mesmo que isso lhe causasse agonia.

Artur encantou-se com seu amigo, aprendeu usar o estilingue, visitou sua casa abismado por ser um cômodo só e quase sem nada. Sua casa não havia nem como comparar, percebeu a disparidade daquelas pessoas em relação a ele. Viu que seu amiguinho era inteligente e cuidadoso. Cheio de abraços e beijos com sua mãe, coisa que ele não tinha coragem de expressar entre o seus.

Dona Dolores era alegre e o recebeu bem. Comia com seu amigo no final do dia pão com chá! Artur já entendia quase tudo que ele queria dizer e ficava abismado de seus óculos com lentes grossas, seus olhos ficavam deformados sem contar que uma haste do óculo era amarrada com elástico.

Em sua casa havia muitos óculos espalhados pela casa! Bentinho! Esse era seu apelido, na verdade sua mãe dissera seu nome, era José Bento, o nome do pai dela.

Artur riu muito dele quando ele disse que já ia trabalhar!

Segundo Bentinho seu trabalho ia ser em uma relojoaria que ficava no centro, perto do calçadão da praia. O dono da relojoaria precisava de uma lente para enxergar as pecinhas, ele não!

Via tudo grande e sem óculos! Ele ria e fazia troça do relojoeiro. Dizia que ele era o bom! E caia na gargalhada. Artur entrou na vida do amigo e não sabia como fazer para levá-lo ao seu mundo. Havia sua mãe! Não sabia como pedir a ela para que seu amiguinho fosse a sua casa. Lá tinha piscina, jogos, muita coisa boa, poderiam levá-lo na praia e passear de barco com seu pai como vez outra fazia!

Precisava criar coragem e falar com ela! Os dias correram, a rotina se estabeleceu entre eles, brincavam no fim do dia. Ficaram amigos de verdade!

Capítulo 1 2 3 4 5 6 7 8 9 **10** 11 12

Nesse nosso lindo País, o clima diversificado propicia diversas paisagens maravilhosas, nosso litoral de beleza infinita de norte a sul encanta os olhos, assim como das dunas do nordeste aos pampas no sul, nosso povo, uma mistura de todas as raças, fez de nós uma nação sem igual. Até aqueles que vêm de fora e fazem daqui sua morada, com o tempo, sem querer, adquire o jeito especial de ser do povo brasileiro!

As cidades litorâneas são convites explícitos ao bom viver. Mas esse ano em Florianópolis, o inverno estava castigando os mais humildes. De manhã a neblina fria demorava deixar o sol sair, à tardinha a casa, o aconchego do lar, uma sopa quente, era tudo que alguém precisava para espantar o frio.

E no sul às vezes o frio chega a situações estremas. Nesse ano não estava fácil para os moradores de rua. A prefeitura passava recolhendo, havia abrigos para dias assim, instituições de caridade de todas as religiões também fazem esse trabalho, distribuíam leite e pão, sopa e cobertores para que esses irmãos não se sintam tão abandonados.

Embaixo de um viaduto, uma lata grande estava com carvão aceso, em sua volta alguns desses pobres diabos, deserdados da sorte! Bem no cantinho enrolado com um pedaço de lona e algum jornal estava alguém.

Beethoven! Esse era seu apelido. Seu nome era Paulo Serafim, nome escolhido pelos dirigentes da creche quando ele fora encontrado sozinho no terminal da rodoviária da grande Florianópolis, contava perto de dois anos.

Era um garoto lindo, vivaz inteligente, mas alguma coisa atrapalhava o destino desse menino. Já haviam tentado duas adoções e na hora decisiva o casal desistia! Foi passando o tempo e ele ali se revelando um bagunceiro, fazia arte e nunca era ele.

Mas acabou sendo amado pelas pessoas que cuidavam ali.

Quando chegou o período escolar não havia quem segurava ele na sala de aula. Rebelde, mas sem ser agressivo, eles não entendiam seu comportamento, tudo estava bom, assim como tudo era farra. Fugiu da creche inúmeras vezes e dessa vez já ia para três semanas, os dirigentes penalizados por esses dias tão frios e ele mesmo assim não voltara.

Já contava com quase dez anos, cada dia mais impossibilitados de cuidá-lo, se ele fosse de fácil trato, bem mandado não havia problema, trabalharia, faria sua parte, estudaria e sairia dali feito para a vida. Havia cursos de marcenaria, marchetaria, pinturas, sem contar a horta grande. Serviço não faltava, outras instituições com outros cursos que podiam encaminhá-lo.

Era uma facilidade gostar dele, esse apelido foi ele mesmo que pôs, segundo ele era um nome lindo, se alguém o chamava pelo nome ele corrigia, e assim ficou sendo Beethoven!

Naquela noite ele escutava o assunto dos mendigos, cada um com sua história, brigas, prisões que alguns já haviam experimentado, estava quase dormindo. Um deles disse que estava cansado daquele frio intenso, que dali a dias iria embora. Ia subir para São Paulo em direção ao mar, lá fazia frio, mas nem tanto.

Acabou adormecendo, acordou bem cedo com uma sirene de ambulância, sentou e viu os homens adormecidos, pegou o relógio de um deles que fedia a cachaça e colocou em seu braço. Outro estava com um cobertor novo que havia ganhado naquele dias, trocou pelo seu pedaço de lona e ele nem viu, mexeu em todos os bolsos deles e encontrou alguns trocados.

Saiu decidido, ele iria para São Paulo! Pegou carona na rabeira do caminhão de lixo, perguntando para o funcionário onde era a saída para esse lugar!

O lixeiro riu da coragem dele, fez troça, mas ensinou certo. Perto de nove horas ele já se encontrava na saída da cidade, lhe faltava apenas a carona. Com fome gastou uns trocados roubado dos amigos, e perto do meio dia ouviu um homem dizer que estava de viagem para São Paulo, ele carregava em seu caminhão uma amontoado de caixas, essa era sua carona, já sabia se fosse pedir ele não levaria.

Deu a volta e escondido subiu na carroceria e assim foi descoberto já em Camboriu

O motorista muito brabo tocou-o com medo de complicação com a polícia, ele desceu com sua trouxa rindo e agradecendo pela carona. Ficou nessa cidade uma semana. Dormiu nas praças, comeu restos das pessoas em lanchonetes e seguiu viagem. Ele sabia agora como fazer, nos postos de gasolina na saída da cidade era apenas esperar e ficar atento.

Viajou novamente até uma cidade chamada Londrina, dormiu no posto de gasolina. Nessa noite passou fome, não havia nada para comer, de manhã pediu esmola e uma senhora lhe pagou o lanche, entrou no banheiro e lavou seu rosto pronto para seguir viagem.

Experimentou pedir carona, um moço deu-lhe até a cidade de Marília. Riu muito, contou vantagem, recebeu conselho que entrou por um ouvido saiu pelo outro, passou uns dias ali, arrumou briga levou umas tapas e perdeu seu cobertor e o relógio.

Dias depois, roubou uma sacola na rodoviária, enquanto a dona pagava o táxi, ela tinha muitas malas uma não faria falta!

Seguiu viagem, na tal sacola uma revista, um pacote de bolacha, uma blusa de lã. De carona em carona permitida ou clandestina roubando aqui e ali chegou a Ubatuba.

No seu entender isso é que era viver, praias lindas, climas bons, turistas viviam pela praia dia e noite.

Certo dia levou uma surra muito grande de um bandido apelidado de Angorá. Esse homem aliciava os garotos para trabalhar com ele, furtos, distribuição de drogas, abordagem em carros, todo tipo de malandragem.

O comportamento arredio de Beethoven provocou isso, dali para frente ou ficava ou seguia viagem.

Estava ele sentado na calçada, com a mão suja tampando o olho machucado, o soco cortou os supercílios, quando Alberico passou com seu carrinho, vendo o garoto machucado se condoeu.

– O que foi menino?

O garoto sorridente contou sua história. Alberico ficou preocupado, sabia da fama do outro.

– Olha garoto eu sei, já percebi você não escuta ninguém não é?

– Eu não... Sou dono de mim! Um dia eu vou ser bem rico, vou ter de tudo, casa carro bom...

Alberico ficou com pena estava com hematomas por todo corpo.

– Enquanto você não fica rico, quer ir comigo lá em casa? Eu faço remédio para você, depois você toma seu rumo, mas aviso eu sou bem pobre.

Saíram caminhando e ele foi sabendo da vida daquele menino bonito! Sua filha era amada por ele, cuidada ao extremo, sem a menor chance de ser alguém, na verdade, um peso morto, uma existência que para ela não fazia sentido.

Ele sabia, era ele que precisava daquela lição de Deus. Mas esse menino lindo, inteligente fora um pecado ser assim abandonado.

Como entender essa vida?

Quando chegaram no barraco de Alberico o garoto Beethoven ao ver a filha dele ficou pasmo, sem palavras, mas quando começou a falar, a menina começou a rir de felicidade. Era como se ela tivesse encontrado alguém muito conhecido.

E realmente se encontraram, são grandes amigos, Laura e Rubião, cada um cumprindo seu carma.

Alberico nunca havia visto sua filha assim, achou engraçado. Cuidou dos ferimentos do menino, fez chá de ervas de sua horta e deu-lhe comida, ele acabou dormindo ali entre as risadas e alegria de sua filha. Bem cedo acordou e foi fazer chá para eles, olhou em sua velha rede, o pestinha não estava mais, saiu sem dizer nada.

Ele ficou triste. O menino estava bem machucado, mas fazer o que?

Era melhor dar banho logo em sua filha, Jonas iria chegar perto das nove horas. Nunca foi de mendicância, no entanto, já era hora de aceitar de bom coração o que viesse.

Quando saiu da tal mansão, recebeu um dinheiro e comprou o direito daquele barraco. Era de tábuas, lata, tapume e todo tipo de material, com esforço fez três paredes de tijolos, não rebocou, mas era melhor, fez contra piso e cobriu com telhas. As outras coisas não deram para fazer e com essa de sua filha em casa ai era que nunca ia fazer mesmo. Perto de dez horas chegaram duas senhoras e um senhor de idade mediana e cabelos quase brancos, sorriso franco.

Ficaram encantados com sua filha, e não era para menos. Seu rosto pequeno bem feito era sim bem bonito, os olhos mansos, só quando ria mostrava a arcada dentária deformada, típico de casos assim. De resto um rostinho encantador.

O que prometeram se acontecer vai ajudar muito. Jonas viu onde ele dava banho em sua filha, numa bacia em cima de um pneu, disse que ia comprar material para ele fazer um banheiro. Uma das senhoras iria no dia seguinte trazer uma geladeira usada, mas boa! Isso sim era ajuda de verdade muita coisa podia guardar, sem perder.

E iam tentar trazer uma cadeira mais nova, a dela era velha. As rodas não permitiam mais sair do lugar, já era usada quando ganhou. O bom Deus resolveu olhar um pouco para eles, havia que agradecer e muito!

Só por Ele apareceu esse Jonas em sua vida!

No dia seguinte Jonas buscou seu filho para casa. Ele estava debilitado, mas feliz, iria ficar mais atento as reações do menino. Sua vida agora iria tomar novos rumos seria um colaborador junto de seus amigos na casa espírita, sentiu-se bem em ajudar quem levava vida difícil.

No outro dia cedo comprou o material do tal banheiro, arrecadou alimentos, mesmo por que Alberico ia fazer construção e sem trabalhar na praia não teriam comida.

Percebeu que seu filho dava menos trabalho que a filha dele.

Agradeceu Jesus e pediu ajuda a toda a humanidade tão sofrida!

Sampaio Gomes era um homem forjado no sofrimento desde os dezessete, foi acicatado por um processo obsessivo, levou muito tempo até sua família quebrar preconceito e encaminhá-lo ao centro espírita. Tomou muito remédio controlado e foi várias vezes internado em sanatórios. Quando estava com vinte e seis anos, por milagre Divino, conheceu uma família e sua recuperação começou a se realizar.

Tantos janeiros já se passaram e hoje é o responsável pela direção do centro espírita Maria Madalena. Seu comércio era uma relojoaria, dali fez sua vida e criou seus filhos, não era rico, mas tudo que foi necessário para a educação dos seus foi resultado de seu oficio.

Estava atendendo na relojoaria um freguês quando viu na porta o tal mudinho novamente.

Ele achava interessante, o menino usava roupas simples, mas de botina e com a camisa por dentro da calça parecia um homem, olhar inteligente e sorria mostrando positivo com a mão!

Atendeu o freguês e chamou-o tentando perguntar o que ele queria, fazia tempos que ele rondava ali.

Ele entrou meio envergonhado. Fez vários gestos e Sampaio não entendeu nenhum. O menino mostrou a lupa que ele usava para consertar suas joias. Sampaio colocou-a nos olhos e brincou com ele.

O menino riu, tirou seus óculos e mostrou que ele não precisava. Nisso chegou uma moça e ficou rindo dos dois e vendo-os ela entendeu o que ele queria, seu irmão era mudo. Disse para Sampaio que ele queria trabalhar e aprender!

Sampaio ficou no início espantado, depois veio uma emoção estranha, sim como não! Afinal ele pedia ajuda de forma especial. Iria sim ensiná-lo, mas teria que falar com seus parentes. Mandou-o voltar no outro dia! Ele saiu feliz, sumindo entre as pessoas na calçada e Sampaio na porta perguntando o que será que Deus queria dessa vez?

No outro dia na hora marcada apareceu ele com sua mãe.

Ela pediu desculpas, quando ele punha uma coisa na cabeça ninguém tirava e que ele não se preocupasse não iria deixá-lo incomodar. Sampaio quis saber um pouco de suas vidas e depois de ouvir tranquilizou-a, iria ensiná-lo com prazer, fariam um teste, quem sabe não estava ai seu futuro?

Celina saiu agradecida, ele viria apenas na parte da manhã.

Os dias foram passando, o inverno estava chegando, as folhas das arvores rolavam pelas calçadas, os dias mais curtos e Alberico muito feliz, seu novo banheiro tinha uma pia, vaso e água encanada, seu Jonas era mesmo especial lhe deu também uma caixa para água.

A geladeira ali no canto, sua filha com cadeira usada, mas boa, agora a levava na praia no fim do dia uma vez por semana, a favela ficava perto de um bico de praia que não era área nobre, quase ninguém gostava daquele lugar, mas o mar estava ali e sua filha adorava!

Sua rotina voltou normalmente, sua vizinha cuidava-a para ele trabalhar. E como os novos amigos estabeleceram uma caixa de alimentos, ele até ajudava melhor sua amiga. Uma troca justa.

Estava na horta replantando as mudas de alfaces quando ouviu sua filha fazendo barulhos, saiu correndo e quando chegou a casa entendeu tudo!

Ela ria feliz, era Beethoven!

– Ora moleque, por onde andou?

Esse sem responder ria e desembrulhava uma boneca novinha feita de pano e entregava para a menina, o papel estava sujo assim como ele!

– Por aí seu Alberico... Vim me despedir, vou para o tal de Nordeste!

– O que tem lá que aqui não tem Beethoven? E essa boneca? Você arrumou onde?

Ele como se não ouvisse, colocava a boneca entre os braços retorcidos de Belinha e essa parece que entendia, que diacho?

Por que será que ela ficava tão feliz ao vê-lo?

– Eu não sei o que tem lá por isso eu vou, quero conhecer tudo neste mundo...

– Você roubou essa boneca menino, Deus castiga sabia?

– Eu não tenho medo de Deus! Todo mundo rouba alguma coisa, pode apostar... Eu vim despedir, disse rindo!

Alberico ficou sem resposta esse menino era inteligente demais, que Deus cuidasse dele.

Depois do almoço e de brincar com Belinha até ela se cansar deu-lhe um abraço e foi saindo.

– Espere!

Alberico foi os seus guardados e pegou uma jaqueta boa, era de sua amada esposa feita de tecido Jeans, ele guardava de recordação, fez isso com emoção, sua Damiana onde estivesse iria aprovar, ela tinha um bom coração.

Ele vestiu animado e saiu dando pulos e adeus... Que seria da vida desse menino? Enquanto replantava suas mudas de alfaces, ficava tentando entender os caminhos de Deus. Se ele pudesse iria sim tentar ajudar esse menino, mas como meu Jesus?

Mal dava conta de sua vida! Quanta miséria espalhada pelo mundo? Só lhe restava rezar...

Celina estava fazendo umas anotações quando percebeu Artur na porta com olhar apreensivo, ela sorriu e ele entrou, sentou na cadeira e ficou quieto.

– Diga meu filho estou aqui...

A senhora tem remédio para dor de ouvidos?

– Não... Ou melhor, não sei, por quê?

Seu ouvido dói?

– Não mãe... É meu amigo, o mudinho, ele está chorando de dor!

– E você quer ajudá-lo?

Ele apenas balançou a cabeça dizendo que sim... Então pegue a chave do carro da mamãe e vamos levá-lo ao medico!

Depois desse dia, Celina entendeu quase tudo. Conheceu a mãe do garoto, ficou encantada com ele! O amigo do seu filho virou também seu amiguinho e da família toda, era sim um menino especial, achavam lindo ele trabalhar de manhã na relojoaria aprendendo a profissão. Perdeu a insegurança de ver seu filho com ele. Artur estava comunicativo, receptivo a abraços e a casa criou vida, na verdade ela não entendia como um mudo podia fazer tanto barulho com seu filho.

A mãe do garoto vez outra ia buscá-lo, estabelecendo também uma relativa amizade embora ela fosse muito tímida! A vida é assim, ajuda vem de onde não se espera.

Miguel parecia ter recuperado a saúde, Alberico com mais tranquilidade para cuidar a filha, Beethoven correndo o país na mendicância, malandragem e sofrimento. Cada um exercendo seu papel, um compromisso pessoal com Deus e consigo mesmo, as amarguras sendo resolvidas no dia a dia, o tempo sendo parceiro, as relações sociais contribuindo de maneira carinhosa e, às vezes, sórdidas no cotidiano de todos.

Os anos passam nem vemos, novos caminhos nos são apresentados e vez outra são trilhas amargas.

CAPÍTULO 1 2 3 4 5 6 7 8 9 10 **11** 12

Alberico se arrumava para um encontro muito triste, iria ao funeral do filho do homem que ajeitara sua vida!

Miguel desencarnara com uma nova crise, por mais que cuidaram não houve jeito, com certeza Deus o queria de volta, seu drama teve fim. Ficando um pai angustiado pela saudade. Seus amigos nessas horas eram tudo!

Jonas completamente perdido, seu filho encheu sua vida por quase vinte e seis anos e agora?

Como iria viver sem ter suas obrigações com ele? No início era um aprendizado difícil, depois um grande amor compartilhado, um laço difícil de romper.

Teria que aprender a viver sozinho.

Ainda bem que desenvolveu o gosto pela filosofia, pela boa leitura e grandes amigos. Seu trabalho com o grupo em prol dos mais necessitados, mas nada disso parecia fazer sentido nessa hora!

Uma dose de humildade muito grande dentro do seu peito era necessária para entregar seu filho a Deus, para entender seu tempo curto entre os dois, seria difícil viver sem seu sorriso, sua alegria inocente. Agradeceu a passagem dessa alma em sua vida, pediu perdão pelos erros cometidos, por desconhecer os caminhos da espiritualidade maior. Mas estranhamente sentia como se tivesse com missão cumprida!

Agora era com ele, teria que começar tudo novamente, aprender a viver sozinho.

Sentiu o conforto dos amigos e parentes, veio quem ele nem esperava, não sabia que as pessoas do seu relacionamento fossem assim tão especiais a ponto de vir de outras cidades, a emoção tomou conta de seu coração.

A despedida do seu amado filho foi um cortejo de velhos e novos amigos. Nasceu para a maioria um defeituoso, desencarnou um anjo, era esse seu sentimento.

Agora era seguir a vida e ver aonde ela ia te levar!

Enquanto isso no lar dos amigos a expectativa era de felicidade, um dos seus estava de volta. Miguel estava recolhido esperando o momento adequado para seu despertar.

A dedicação e preces em seu favor movimentavam o coração de todos, a alegria estampada em cada um. Armando em plena função no lugar de Eliza sentia-se realizado, novos amigos chegando e outros partindo!

E Solano agradecendo a Deus pelo trabalho de Miguel, o saldo havia sido positivo. Ele depois da última entrevista finalmente entendeu a vontade Divina e sua necessidade, viveu com desprendimento, mostrou ao mundo a única coisa que estava em seu alcance nessa pequena vida, expressar amor!

Jonas amou e foi responsável até o último minuto, e Dora ainda esperava as voltas da roda da vida.

Os integrantes do Lar, com seus afazeres, entre irmãos que chegavam e partiam, mantinham-se atentos a todos seus protegidos, nesses anos terrenos de cada um sempre houve reuniões espirituais no sentido de esclarecimentos, sobre a necessidade de aceitação do resgate difícil.

Artur tornou-se um homem pequeno, de relativa beleza, extremante inteligente, assumiu quase na totalidade os negócios do pai, expandindo de forma elaborada, respeitado pelos seus e pelo mundo social.

Seu gosto pelas questões da vida, suas respostas coerentes vieram através de Sampaio o antigo patrão de Bentinho.

Ele lhe apresentou Kardec! As respostas preencheram as lacunas de suas inquisições.

Com sua ajuda financeira e suporte contábil, Bentinho seu grande amigo hoje é proprietário de uma linda joalheira em um shopping, tornou-se um profissional, suas peças são criações de rara beleza. No casamento de Bentinho foi um dos padrinhos, ficando encantado de ver a felicidade do amigo, que perdura até hoje.

Bentinho esteve em sua vida na dor e na alegria, foi seu irmão, mais que o seus! Quando a dona Maria Dolores faleceu, esse Bentinho quase enlouqueceu de tamanha dor.

Foram dias amargos. No entanto a sorte bateu-lhes a porta, sua esposa veio preencher sua vida. Vivia bem, seu filho um garoto inteligente, sua filha, uma boneca chamada Patrícia, era a continuação dos seus dias.

Artur preencheu sua vida com seus negócios e o trabalho na casa de oração! Jonas, já então seu amigo estava disposto a abraçar sua ideia, seu avô paterno deixou-lhe uma chácara nas imediações da cidade, pretendiam elaborar um abrigo aqueles deserdados da sorte!

Os colaboradores do centro estavam na expectativa, seria um abrigo transitório onde recolheriam as pessoas enquanto estivessem de passagem. Ele mais feliz ainda, sua mãe também abraçou a ideia, seus amados pais eram especiais.

Respeitaram suas esquisitices, hoje uma família com todos os problemas que a vida trás, mas o amor vem sempre em primeiro lugar.

Artur era motivo de farra na família, já era quase tio avô, seu amigo mudo casado e ele não deu conta de sair de casa! Com seu jeito introspectivo, era difícil encontrar alguém que o entendesse, no seu ver essa possível companheira deveria ter um saco de filó!

Além do mais amava seus pais, sua casa era um refúgio precioso, algo como se fosse encantado.

Diante de suas elucubrações íntimas, concluiu que devia em vidas passadas ter tido uma vida sem laços, sem paradeiro, podia ser esse o caso, para amar tanto aquelas praias, sua cidade e, especificamente, sua casa.

Desceu a rampa do estacionamento no shopping iria falar com Bentinho, já iriam entrar na fase de construção e adaptação do abrigo. Nesse fim de semana fariam um mutirão de limpeza e estudo no futuro abrigo.

Seu Alberico havia podado as árvores dando outro aspecto e Jonas teve uma ideia boa, coisa da espiritualidade, é isso!

Na casa dos fundos, se Alberico concordasse, ele seria peça importante no dia a dia e poderia estar atento a Izabel pondo assim um paradeiro em partes das suas preocupações sem contar que ele já estava velho e cansado.

Artur quando conheceu essa moça em sua cadeira de rodas, no início foi um sentimento de piedade, como devia ser triste um carma assim. Em outras visitas onde foi levar remédios, ela ficara gripada e precisou de alimentação balanceada coisa que seu pai jamais conseguiria fazer, estava ele falando com o velho e Belinha atenta aos dois, de repente ele olhou nos olhos dela veio uma onda de sentimento deixando-o com a nítida impressão de que já conhecia essa moça!

Aquele olhar ele conhecia de algum lugar.

Bentinho estava esperando para combinarem tudo no final de semana. Em sua sala de trabalho, pelo vidro decorado dando um toque de classe no estabelecimento, Artur viu entrar uma moça que lhe chamou atenção.

Foi acintoso seu interesse e o mudinho fez troça dele deixando-o vermelho! A moça era funcionaria da loja ao lado, amiga do mudinho, havia ido ver se trocavam o dinheiro para troco em sua loja.

Ele sabia, agora não teria paz! Riu fazer, o que? O mudinho o viu interessado em alguém, coisa rara!

Traçaram planos, reuniram várias vezes com o grupo e aos poucos o abrigo foi tomando forma, começaram a atender gregos e troianos, foi chegando gente nova, vez outra implantavam nova unidade.

Já contavam com dentista uma vez por semana, clínico geral e um pediatra. Todos sabiam, sem a colaboração da família de Artur nada disso seria possível.

Os albergados ficavam cinco dias. Esse era o estatuto, depois ou ganhavam passagem para seus destinos ou teriam que se ajeitarem. Era triste, mas não havia como ser diferente, no setor de ajuda humanitária as pessoas carentes cadastradas recebiam cestas básicas uma vez ao mês.

Os médicos atendiam os carentes nas adjacências. Toda noite Sampaio, Jonas ou ele faziam Evangelho com os albergados. Alberico se encarregou da horta, sua mão era tão boa e por conta da terra fértil fizeram uma barraquinha na frente do albergue, onde todos compravam verduras, e legumes a preços vantajosos.

O grupo sentia-se gratificado com tanta colaboração dos participantes do centro espírita Maria Madalena. Dona Berta, uma italiana gentil e espalhafatosa, sempre ia ao abrigo prestar sua colaboração, ela fazia pão uma vez por semana, isso já vinha de tempos.

Num desses dias ela veio com sua sobrinha e foram apresentados, para surpresa de Artur era a moça do shopping que mudinho nas brincadeiras já era até compadre e padrinho dos seus filhos... Não podia mentir para si mesmo, ficou muito feliz!

Depois de um dia cansativo Alberico terminava seu dia, dando graças aos céus, não lhe faltava nada, até uma mulher para dar banho em sua filha, parece que Deus se preocupou. Constança uma mulher alegre, era cozinheira. Ela ficava indignada de ver Belinha sem nenhuma arrumação. Pediu licença e começou a cuidar sua filha. Como era também residente ali, se adonou dos cuidados de Belinha, e essa estava bem chique no entender de Alberico, sempre de meias coloridas, vestido bonito e fita na cabeça.

No final do dia, ele leva-a na varanda e colocava-a em frente da TV, ela ficava horas bem quietinha.

Um dia chegou ao albergue em noite fria, umas pessoas trazidas por Jonas, eles precisavam alimentar-se tomar banho e todo cuidados que a casa dispunha. Um homem chamou a atenção de Alberico. Estava bem judiado pela vida, não era velho estava acabado, a rua fazia isso com os seres que vivem nela.

O estranho era sua postura, um andar altivo, ombros retos, suas vestes em estado precário não combinavam com sua elegância, em sua mão uma maleta executiva velha e rota. Intimamente ele riu depois se arrependeu e pediu perdão a Deus, mas era isso mesmo, se vestisse aquele homem com roupas de qualidade, cortasse seu cabelo e uma pasta nova passava por doutor em qualquer lugar.

Depois do banho, todos voltaram para jantar, ganharam roupas limpas. O moço estranho com seu cabelo molhado e penteado. Alberico ficou observando seu olhar profundo e sofrido! Esse homem pegou o prato de comida sem falar com ninguém. Terminou de comer e caminhou em sua direção parando na frente dele e de Belinha, dizendo boa noite e comentando sobre o clima!

Essa menina começou a ficar feliz como fazia tempo que não ficava! Ria de gargalhar... Num estalo Alberico lembrou-se!

– Beethoven? Perguntou Alberico.

– Sim eu mesmo!

–Meu Jesus, é você rapaz? Sentiu uma felicidade grande, pensou que jamais o veria.

Belinha adormeceu na cadeira do tanto que conversaram... Foram três dias para contar muitos anos. Beethoven não saiu de perto dele, ajudou o dia inteiro na horta, ficou sabendo como funcionava ali, disse para Alberico que estava cansado da vida, já havia tentado suicídio duas vezes sem resultado. Jonas tomou conhecimento dessa vida quase perdida, iria falar com Artur e ver o que poderiam fazer! O grupo estava bem feliz e o comentário era um só.

Artur estava de namoro sério com Paola, a italianinha!

Irmã Maria Agustina no Lar dos Amigos estava em felicidade sem fim, um belo casal, Ighael e Eliza!

Solano emocionado do reencontro de Rubião junto aos irmãos trabalhadores do Penhasco de Gisé. Graças...

No dia seguinte pela manhã Artur resolveu passar primeiro no abrigo para depois ir aos seus afazeres. Sua felicidade era grande, se Paola lhe dispensasse o mesmo sentimento era sim caso de pensar em casamento, mas ainda guardava segredo dessa vontade, por enquanto deixava o tempo correr. Chegou ao abrigo perto de oito horas, Jonas havia lhe confiado uma história interessante, quem seria esse Beethoven?

O cansaço tomou conta de Beethoven, andou por esse país inteiro e participou de todas as dificuldades dessa vida de rua. Dentro dele sabia que alguns valores estavam escondidos mesmo porque teve inúmeras chances de se tornar um verdadeiro bandido.

Poderia estar bem, mas algo travou esse comportamento. Hoje já com trinta e alguns anos, pois que sua idade não sabia mesmo, não passava de um pobre diabo sem eira e nem beira. Aspirava intimamente um lugar fixo onde no fim do dia pudesse descansar a cabeça em algum lugar. Sabia que havia perdido sua vida, não ouviu ninguém, ficou quase louco por várias vezes, tentou suicídio e nada mudou!

Suas moradas foram embaixo de pontes, viadutos, marquises. Quantas vezes tomara seu banho em praças públicas, mendigou pelas ruas, viveu de restos na calada noite revirando lixo para achar algo que comer. Sua dignidade estraçalhada, sem moral, completamente sozinho, duas pessoas nessa vida lhe dispensou carinho, o senhor Alberico e a aleijadinha, de resto viram sua condição externa e suas atitudes não inspirou confiança a ninguém!

Fez sim muita bobagem, achava que havia lá na frente algo de bom em seu destino, que a sorte um dia ia lhe sorrir, que seria rico e importante!

Viveu desse sonho por muitos anos!

Dentro dele havia uma chama, sua vida boa e confortável estava em algum lugar, quando começou a adoecer sistematicamente foi aí que enxergou sua condição desgraçada, seus dentes doíam muito.

O mau humor instalou dentro de si, perderam-se as contas de quantas vezes foi preso por furtos sem grandes importâncias quase sempre para se alimentar.

A rua não tinha mais segredo! Dali nada de interessante sairia, mas quem nessa vida iria acreditar em sua vontade de mudanças?

A mendicância é rotulada, era caso perdido. Quantas vezes deitado ao relento com a barriga vazia, seu corpo sujo, ficava olhando as estrelas e perguntando se existia o tal de Deus? Devia sim para os bens de vida, por que para ele e os que vivem na rua não existe! Se Deus existisse e fosse bom como dizem teria pena ao menos das crianças abandonadas pelas calçadas! Tentou inúmeras vezes trabalhar, mas parece que as pessoas tinham medo dele.

O destino o levou ali até seu Alberico, mas era melhor nem ficar esperançoso, não dependia dele, além do mais já completou mesmo cinco dias, qualquer coisa saia porta fora, fazer o que?

E nessa noite foi muito engraçado. O seu sonho voltou, ele sempre sonhava com casa boa, família, filhos, como se fosse muito importante. Acordava angustiado, com sentimento de culpa e terminava o sonho com alguém lhe dando um abraço gostoso, causando-lhes um sentimento de choro, ao acordar as lágrimas teimavam em descer. Angustiado esperava o tal moço que cuidava daquele abrigo.

Artur chegou ao abrigo e se dirigiu o escritório pedindo ao atendente que fosse buscar o moço chamado Beethoven. Pouco depois, estava vendo uns documentos quando a moça chegou com ele.

Artur levantou os olhos e viu na sua frente um homem que deveria ter sido bonito na juventude. Seu olhar revelava inteligência, sagacidade a princípio, em seguida uma tristeza que parecia infinita. Quando Artur deparava com algo assim, o que sempre acontece com essas pobres almas, seu coração doía, o que fazer meu Senhor para ajudar tanta gente? O quanto pequeno nós somos?

Beethoven em contra partida ao vê-lo sentiu-se ridículo, envergonhado, como se suas mazelas estivessem expostas e fossem ser julgadas por aquele pequeno homem.

Sentando-se na cadeira suas pernas fraquejaram, um sentimento estranho apoderou de si.

Depois de conversarem sobre sua relação com Alberico, Artur perguntou o que ele esperava do Abrigo? Que tipo de ajuda ele precisava?

Beethoven com essas perguntas deu-se conta que ninguém há muito tempo não se interessava pela sua opinião, com as mãos suadas, procurava as palavras e elas sumiram. Ele sabia que em algum lugar na sua cabeça elas existiam, seria uma verdadeira defesa com justa causa. Suas misérias passaram como relâmpago em sua memória e deu-se conta que não havia como contar uma vida desgraçada, sozinho no mundo, tendo como companhia o dia e a noite. Respirou fundo dizendo:

– Eu não posso esperar nada meu senhor, não tenho esse direito! Quanto a precisar... Hoje eu preciso de um amigo, como o senhor pode ver é impossível o meu querer nas condições que vivo.

Artur levantou, foi até a janela, o vento brincava com as flores das árvores...

– Moço o impossível é relativo, o que necessitas hoje é algo que eu considero sagrado. A amizade é uma das formas de amor muito interessante por que é desenvolvida sobre a base da confiança e para isso há que se dar tempo de relacionamento.

E tudo indica que no seu caso não houve essa oportunidade!

Não vem ao caso se você perdeu ou deixou passar as oportunidades, essa avaliação é sua, mas uma coisa é fato, o dia seguinte é sempre um recomeço. Neste abrigo, a base do funcionamento se chama amizade e respeito, como uma engrenagem de um carro, que por mais lindo e perfeito que seja, precisa de uma simples chave para seu funcionamento!

Ninguém aqui é melhor ou pior que ninguém, desde que seja compromissado e ande junto no mesmo passo. São tantas as necessidades, e tantos necessitados que aparecem que não podemos dar-nos ao trabalho de bater em ferro frio! Em respeito ao Alberico que diz ser seu amigo e confia em ti, como podes ver, já tem um amigo, nós estamos de coração... dispostos a tê-lo como companheiro.

Você encontrará abrigo e trabalho, ficará aqui por quinze dias, tempo suficiente para entender as regras, os deveres e direitos vigentes, depois dessa experiência será sua decisão!

Beethoven ouvindo suas palavras parecia que ele já tinha presenciado uma cena como aquela, como se alguém especial em algum lugar já havia dito a ele que a decisão era sua, que o caminho havia que ser escolhido, não dependendo de ninguém a não ser ele!

O leme da sua vida era um problema seu. A oportunidade estava ali, bem na sua frente diante daquele pequeno grande homem.

– Eu vou aceitar meu Senhor e fazer de tudo para não decepcionar nenhum de vocês, apenas vou precisar de muita ajuda, eu me perdi tanto que me encontro sem rumo.

Solano estava reunido com os integrantes do Lar dos Amigos naquela noite quando Tereza de Aquino chegou com Rubião no repouso do corpo físico. Este ao ver os amigos chorou amargamente. A princípio sentindo como se seu espírito estivesse sendo lavado, depois de abraços carinhosos do reencontro, foram juntos em outro compartimento.

Ighael, Laura, Miguel e Antony estavam a sua espera. Sua alegria era infinita, não encontrava palavras para descrever a emoção, estavam reunidos. Rubião era o último que faltava nesse entrelace de vidas.

Novas metas foram traçadas, cada um com novas oportunidades em direção ao autoconhecimento. Eliza encontrava-se como a bela Paola, o trabalho no abrigo seria um período longo de resultado interessante. Laura estava perto de seu retorno, assim como Dora, deveria ser auxiliada por todos quando aparecesse no abrigo em estado lastimável.

CAPÍTULO 1 2 3 4 5 6 7 8 9 10 11 **12**

Com o passar dos anos o abrigo deixando de ser um projeto, passando a ser uma instituição respeitada era motivo de apoio de todas as pessoas da cidade.

Certo dia, de maneira inesperada, Belinha adoeceu ficando com pneumonia e a despeito de todo tratamento veio a falecer. Quatro anos depois Alberico desencarnou também.

Beethoven já de tempos cuidava dos afazeres da grande horta, encontrou enfim sua paz e a família que nunca teve. A boa leitura, o Evangelho de Jesus, o convívio com pessoas carinhosas mudou sua vida. Tornando-se um autentico palestrante, com experiência do que falava, as tristezas da vida moldou suas falas, sua palestra era esperada!

Não foi fácil extirpar do seu interior o sentimento de solidão íntima e os costumes da rua. Quando decidiu ficar no abrigo as suas atitudes eram inseguras, parecia que tudo que fazia iria receber críticas.

As pessoas, por mais que o respeitassem, ele via em seus olhares uma desconfiança como se a qualquer momento ele fosse fazer algo sério e prejudicial. Por muitas vezes teve vontade de largar tudo e ganhar a rua. Sentia-se deslocado, graças a Deus não fez isso! Hoje ele compreende, com a descoberta da filosofia, juntando sua inteligência era fácil perceber que seu entendimento era maior que muitos ali!

Os anos passaram e com a morte de Belinha seu amigo Alberico adoeceu dia após dia. Parecia que ela era a mola propulsora de sua existência, com a falta dela era como se seu tempo estivesse acabado por aqui. Cuidou do amigo, seu desencarne foi triste, um câncer deixando-o acamado por oito meses, no ato de sua partida segurava sua mão e fazia preces a Jesus!

Nessa morte do seu amigo sentiu como se partisse de uma vez só seu pai e sua mãe caso tivesse tido nessa vida. Quando Belinha desencarnou, ele ficou penalizado pelo Alberico e resguardou de comentário intimamente.

Mas bateu-lhe uma felicidade tão grande, finalmente ela estava livre!

Quando se sente infeliz, ainda hoje ele vai ao seu túmulo, leva-lhe flores e conversa como se ela estivesse ali com suas risadas.

Como ela deve estar bonita no plano espiritual. Cumpriu sim seu papel!

Enquanto ele ainda está por aqui. Hoje a horta e vários afazeres são de sua responsabilidade, papel que desempenha com prazer.

Não se sente mais diminuído em relação a ninguém.

Sua admiração por Artur não tem medida, esse pequeno homem de alma generosa, espírito enérgico, comanda a instituição de forma estranha, do mesmo jeito que sua palavra é lei ali!

Por outro lado não há como questioná-lo, sempre justo com todos.

Artur um dia mandou chamá-lo dizendo que ele ia tirar carteira de motorista, segundo ele o abrigo precisava de ajuda mais eficaz e como ele era inteligente que fosse ele o novo responsável pela coleta de alimentos.

A horta era sim responsabilidade dele, mas havia já outros que poderiam fazer isso.

Passou dias sem dormir de tanta felicidade!

Chorava de alegria em agradecimento a Deus, e não era pelo fato de ter um carro em sua mão, era por sentir integrado na comunidade, ser um homem com responsabilidade o suficiente para um trabalho desses. Agora possuía mais esse documento! Que estranha é essa vida? Como um pedacinho de papel fazia tanta diferença na vida de uma pessoa?

Hoje ele era sim realizado, a rua foi madrasta, mas com certeza era essa sua escola.

Compreendia agora que as pessoas que ele pensava que eram felizes por ter dinheiro e nome sofriam tanto quanto ele embora que por caminhos diferentes.

Nessa distinção benéfica, em sua mente aos poucos se tornou igual a todos. Nas reuniões mediúnicas, nos trabalhos práticos, encantava com as colocações sabias do velho Jonas em assistência aos irmãos desencarnados.

Sabia hoje que cada um vem aqui resgatar o que lhe pertence e ele se sentia fazendo sua parte. Conseguia relacionar com os mais elucidados e prestava grande ajuda aos irmãos de rua quando eram recolhidos, compreendia suas dores. Não podia mais se queixar, o túnel escuro não existia mais, graças a Jesus, quantos amigos hoje ele tem... E Bentinho, esse era especial, nutria um carinho por aquele homem mudo, que carisma, Inteligência e bondade. Precisava se apressar.

Hoje seria dia de festa e fora convidado. Quanta honra...

Depois da apresentação no teatro teriam festa! Segundo Artur era bom aproveitar esse dia, Bentinho era unha de fome, seguro demais com seu dinheiro! Motivo de farra de todos.

Bentinho não se cabia de felicidade, hoje era dia especial. Sua filha faria uma apresentação no teatro junto com suas amigas! Era graciosa, desde cedo o gosto pelo balé deixava-o orgulhoso.

Sentado na terceira fileira, antes de iniciar o pequeno espetáculo observava sua mulher entrando e saindo das cortinas em ajuda a professora, seu filho mais velho com a cara entediada sentado ao lado típico dos jovens de hoje em dia.

Lembrou de sua querida mãe, ela ficaria bem feliz ao ver seus netos tão inteligentes e bonitos.

Veio um nó na garganta engoliu em seco!

Bendito seja seu amigo Artur!

Quando eles foram obrigados a se mudarem daquele barraco, dois anos após sua amizade com ele não tinham para onde ir, seus destinos seria outra favela.

Dona Celina que é um anjo interferiu. Um apartamento pequeno, mas que na verdade para ele e sua mãe era luxo, foi disponibilizado para eles. Esse apartamento pertencia a ela, uma herança de família. Por anos Dolores sua mãe pagava apenas as despesas municipais, nunca dona Celina quis receber aluguel.

Com essa ajuda ele foi guardando parte de seu salário em uma poupança, quando seu amado amigo e professor Sampaio veio a desencarnar a relojoaria foi posta a venda pelos filhos. A metade do dinheiro ele tinha e assim tornou-se proprietário do seu negocio.

Sofreu muito com a falta de sua querida mãe, faleceu depois do nascimento do seu filho. Sua esposa era uma mulher de beleza comum, mas teimosa, guerreira, se não fosse ela Deus sabe lá o que teria acontecido com ele. Para ela nada era difícil, ela tinha um jeito especial de fazê-lo mais descompromissado com coisas sem sentido!

Tudo na cabeça dele era organizado demais, horário, compromisso, segundo sua esposa um pouco de tranquilidade ia bem. Levamos nove meses para nascer... E somos eternos! Levou muito tempo para ele entender o que ela estava dizendo.

E Deus realmente cuidou dele, quem tem amigo? Nunca está sozinho!

Artur ensinou como ser um comerciante, com sua ajuda ele hoje é bem sucedido, sua loja é respeitada. Não é rico, mas vive bem, seu trabalho no abrigo o torna útil perante a sociedade, não acredita e nem desacredita da existência dos espíritos, gostaria de ter a convicção de Artur, achava bonito sua fé.

Não que deixasse de acreditar em Deus, isso não, mas espíritos era um assunto meio duvidoso! Mesmo por que ele não teve muito estudo, só o básico, e se fosse como Artur dizia um dia ele ia morrer então conferiria.

Não conseguia ter confiança absoluta nas pessoas, sabia ser um defeito, mas algo dentro dele impedia. Pouquíssimas pessoas têm o privilegio de sua confiança. Mas uma coisa havia que admitir, depois que começou a frequentar o centro Maria Madalena nem percebeu quando suas dores de ouvidos se foram para sempre. Seus pesadelos que perduraram por anos quase não aconteciam mais, sempre em sonho se via em guerras, seus subordinados sofrendo mortes trágicas, acordava com o som dos canhões em seus ouvidos, a roupa de cama molhada com seu suor.

Deixou de ser mandão e intransigente, percebeu que não temos o direito de obrigar as pessoas a nos obedecerem. Apesar de mudo, o diálogo funciona mais que arbitrariedade.

Quando abriu as cortinas e começou a apresentação, as meninas lindas pareciam bonecas! Sua filhinha correu os olhos pelas pessoas e encontrou os seus. Um orgulho estranho invadiu sua alma, o sorriso dela disfarçado para não atrapalhar seu papel, derreteu seu coração!

Buscando a mão de sua companheira percebeu, ali estava a tal felicidade!

Não importava o que viria depois, sim por que viver não é fácil, mas agora nesse momento as humilhações sofridas ao longo de sua vida, dificuldades financeiras e doenças, perda da mãe querida e amigos tudo isso compunha sua existência!

O silêncio do mundo físico nesse momento deixava transparecer o barulho feliz do seu mundo íntimo! Seu coração estava em festa, a música do amor à vida era uma sinfonia das mais belas.

Tereza de Aquino sorria ao ver seu estado de felicidade e entendimento, aproximou dele e com um abraço agradeceu ao plano espiritual pela oportunidade de estar presente e ver seu amigo radiante! Retornou ao Lar feliz por ver que Antony compreendeu ali naquele momento que finalmente estava vivendo como queria.

Uma resposta aos seus anseios antes de sua partida do Penhasco de Gisé. Ao retornar para o Lar dos Amigos encontrou Armando que acabara de chegar também dos seus afazeres

Armando fizera uma visita a seu amado pai, este já se encontrava em estado de equilíbrio. Havia em seu íntimo uma felicidade e uma tristeza, precisava se preparar para ajudar seus parentes, um sobrinho por parte de sua mãe com seus vinte e dois anos voltaria por esses dias, agora ele compreendia a felicidade dos que estavam esperando e a dor dos que ficariam.

O conforto viria com tempo, nos próximos dias seria trabalho árduo em assistência nos dois planos. Seus amigos do Lar seriam cúmplices em mais esse trabalho de amor. Aguimar, Jucelim, Maria Agustina, com seus afazeres sem trégua, Solano o coordenador daquele lugar sagrado sempre disposto a ajudar todos em agonia.

E nosso amado mestre Jesus por todos nós!

Paola esperava o segundo filho. Artur estava feliz, dessa vez seria uma menina, ele iria deixar para ela escolher o nome, com esse pensamento riu intimamente. Quando foi a vez do menino ele não deu chances a ela escolheu e pronto, nasceu Alexandre! Um garoto inteligente e bonito como sua família e orgulho de todos os parentes. Com doze anos já estava quase do seu tamanho, pensou até que seria apenas esse filho, agora essa novidade feliz!

Quando era um garoto tímido nunca imaginou que a vida havia de lhes trazer tantas coisas belas, a amizade com Bentinho abriu um novo prisma em sua vida. Nunca em suas preces esquecia-se da mãe do amigo, aquela mulher humilde ensinou-lhe o sentido da palavra amor. Não que sua mãe não fosse especial, mas em sua casa por obra de Deus havia do bom e do melhor, no tocante as coisas materiais.

O amor quando se tem tudo fica fácil expressar, a miséria de Dona Dolores, sua dignidade, mostrou a ele o amor nú e sem adereços. Com ela percebeu que haveria de abraçar os seus, de expor seus sentimentos que existem em momentos em que um abraço fala mais que qualquer palavra.

Bentinho foi, era e é seu amigo em todos os sentidos. Um pouco cabeça dura em relação à espiritualidade, mas faz parte, nem todos acreditam.

O abrigo hoje é sua realização, sentia que devia fazer mais, mas parecia que havia uma multidão a espera de sua colaboração, muitos Alberico e Belinhas estavam por ai.

Sentia uma paz grande ao ver Beethoven recuperado em sua dignidade, era como se ele fizesse parte dessa vida. Nada disso seria possível sem seus amigos, como se fosse um grande quebra cabeça que a vida montou.

Sem dinheiro jamais levantariam aquela instituição isso é um fato, seus amados pais foram tudo nessa hora.

Mas a vontade, a harmonia de todos, desde Sampaio e Jonas e todos que chegaram e chegam, compõe a parte espiritual desse imenso sonho em nome da caridade. Paola veio para contrabalancear suas angústias, situação essa que ele nunca revelara a ninguém, seu medo era não conseguir constituir uma família, se relacionar com algo de seu, um medo contido, perdeu muitas oportunidades de sair com amigos, de relacionamentos familiares como se o mundo lá fora fosse perigoso!

Seus pensamentos e suas ideias agrediam as pessoas, ele se sentia mal em perceber que era inteligente e que a maioria das pessoas eram infantis.

Com meia dúzia de palavras já estava liderando o assunto ou qualquer circunstância. Se retraia em seu mundo, era melhor do que ser chamado de arrogante. Na verdade ele era quase ríspido!

Paola com seu jeito meigo, respostas alegres e joviais o fez enxergar o mundo com mais ternura.

Pensando em sua felicidade parou o carro embaixo do abacateiro em flor, já avistando Jonas sentado ao lado de Beethoven. Nesse domingo o abrigo estava calmo, parecia que o ambiente estava preparado para um assunto tão sério!

Jonas achava que a vida já havia lhe pregado todas as peças, as leituras dos livros juntando aos seus sofrimentos e os dos amigos e transeuntes do lar já haviam forjado seus sentimentos, no entanto nesse momento percebia com tristeza que não era verdade!

Uma noite anterior para seu espanto apareceu no abrigo suja e maltrapilha justamente Dora! Seu olhar tresloucado, suas vestes rotas, uma verdadeira mendiga de rua.

No abrigo a construção do prédio era disposta de maneira interessante, os recolhidos ficavam em dois pavilhões masculinos e femininos, cada departamento desses com sua varanda e refeitório próprio. Onde se encontravam Jonas e Beethoven a espera de Artur era na parte da frente, fora da vista dos internos.

Artur foi chegando e sentindo o ar pesado, sabia ele ser um momento exclusivo para seu amigo. Beethoven fez menção de levantar para se retirar, Jonas levantou a mão pedindo que ficasse, esse sentou desconcertado, não se sentia na condição de participar de um assunto tão sério.

– Olá amigos, como passaram o dia?

– Decepcionado amigo e muito, veja o que a vida me fez!

– O que você Jonas pensa disso tudo?

– Eu estou magoado comigo Artur, pensei estar preparado para caso chegasse esse dia, mas não estou! Na verdade eu não acreditava que isso acontecesse. E agora ela está justamente aqui. Eu sei. O abrigo é para todos e graças a Deus eu sou colaborador, se eu fosse o responsável não sei se teria essa conversa, e muito menos ela aqui!

Quando ela chegou junto com os outros ainda bem que eu não era o receptor no dia de ontem! Perdoe-me Artur e Beethoven, mas a verdade nesse caso é melhor pra mim. Vejo aqui Beethoven do meu lado, entendo e acho que consigo vislumbrar o que ela tem passado, afinal a vida de rua é assim, mais triste que uma doença sem cura, mas ela procurou e agora ao ver-me pede ajuda!

– Entendo Jonas, pode não parecer, mas entendo sim! E você também sabe das condições do lar. Esses cinco dias parecem insignificantes, mas são suficientes para consultas médicas, remédios, dentista, banho, passagens e providências para documentos. Sem contar os que daqui saem para outras instituições, mas no caso dessa senhora teremos que esperar sua postura, o que devemos fazer com ela?

Jonas levantou andando de um lado ao outro suas mãos transpiravam geladas.

– Artur não peça isso para mim, faça o que sua intuição mandar da forma que sempre fez com todos, eu vou acatar suas decisões, apenas por hora não há como pensar em perdão e diálogo, compreendi agora o quanto longe estou dos ensinamentos do Cristo!

Artur procurando as palavras teve uma ideia que talvez fosse mais certa.

Jonas há muito tempo nós não tiramos férias daqui, é sim um trabalho gratificante, mas ao mesmo tempo exaustivo, o certo seria você se afastar por uns dias, eu preciso dar à ela uma chance, sinto isso dentro de mim.

Se nós fecharmos as portas a ela, no futuro vamos arrependermonos todos. Antes de ser uma mãe e uma mulher que lhe apresentou um coração duro é um espírito endividado e não vão ser suas mazelas que irão impedir nosso sentimento cristão. Faça desses dias atividades para si, viagens, leia visite parentes e deixa-nos ver o que possamos oferecer e principalmente o que ela precisa, o tempo fará o resto.

Beethoven que até agora se mantinha calado disse;

– Estou aqui Artur para ajudar no que for preciso e se me permite essa é uma ideia acertada. Quando voltares Jonas suas ideias já estarão assentadas, o choque já passou e como você é ponderado e humano não se arrependerá.

Jonas ficou um tempo calado depois perguntou;

– Mas Artur isso não é fuga?

– Não Jonas, é estratégia. O silêncio, o recolhimento quase sempre é bom conselheiro!

Jonas acatou a ideia ficando acertado e nos dois primeiros dias sentia-se inútil e angustiado, os amigos do centro sempre o confortando, agora depois de uma semana já se encontrava mais calmo e seus pensamentos mais acertados.

Fora sim uma atitude correta, não tinha o direito de julgá-la embora fosse difícil.

Esse era seu teste! Precisava passar com honra, sua consciência exigia isso.

Para Dora havia sim algum lugar no mundo, apesar de tudo que lhe causara e se fosse através do abrigo essa porta não seria ele o seu carrasco. Não iria permitir que seu orgulho ferido impedisse de certa forma a ajuda dos irmãos do abrigo. Haveria que buscar humildade em Jesus nas palavras da espiritualidade maior, haveria de parar na frente dela e vê-la como uma pessoa comum sofrida como todos nós.

Nesses dias andou na praia, no início do dia o astro rei quando chegava iluminava a Terra majestosamente, para todos.

Não caberia a ele dizer qual parcela daquela luz lhe pertencia!

Naquela noite no Penhasco de Gisé, os integrantes do Lar dos Amigos realizavam uma reunião especial, estavam á espera dos seus protegidos no repouso do corpo físico.

Solano de Spásia avaliava algumas questões quando Dora fora conduzida à sala por irmã Maria Agustina, essa ao vê-lo abaixou a cabeça em extremada vergonha!

Solano caminhou até ela, levantou seu rosto tocando-lhes o queixo!

– Bem vinda irmã em nome de Jesus!

Dora não conseguiu pronunciar nada, seus olhos revelavam angústias infinitas. Por um instante em sua mente passou todas as suas decepções nessa vida e toda a dor causada a Miguel e Jonas. Em estado de lamento lágrimas rolavam em suas faces...

Novas chances cara irmã, dessa vez deve pensar muito em recusar, dizia Jucelim, mãos amigas estão estendidas a ti e esperamos que veja! Abraçou-a com carinho saindo com ela em direção ao jardim. Solano esperava em Deus que sua mente se abrisse em prol de sua recuperação.

Maria Agustina e Tereza esperavam Artur, Beethoven e Bentinho, a próxima reunião seria difícil nesse conjunto faltaria apenas Paola, a bela Eliza.

Armando em seu banco ficou apreensivo, como receberiam a novidade desagradável? Depois de abraços e saudades Solano mais uma vez intimamente pediu a Deus forças para tal tarefa.

A angústia estampada no semblante de Artur era algo contagiante, sua companheira Paola esse anjo que foi tão especial nessa vida voltaria após o parto, ficando ele viúvo com seus filhos. Já antevia a dor que seria viver sem sua presença, buscou as mãos de Bentinho num gesto de socorro, Beethoven o abraçou forte, em seu abraço o compromisso assumido com esse amigo especial.

A vontade Divina, o compromisso de cada um no seu tempo certo.

Artur sabia que desde já deveria trabalhar essa separação, Eliza foi sua âncora por um período, depois dessa vida teria um compromisso de amor e entrelace espiritual para com essa alma especial que desceu em sua ajuda simplesmente por carinho e amor a Cristo!

Ele a compreendia, deveria sim ter sanado compromissos, mas do que sabia de sua presença em sua vida nesses poucos anos percebeu agora, o seu estado especial em luz!

Iria sofrer muito com sua falta e teria que ser um pai amoroso, saberia agora como seria carregar essa cruz.

Na verdade por muitas vezes, seja por compromissos ou desleixo, em suas vidas não se importava com filhos e companheiras por onde passou!

Retornariam em seus corpos físicos e com certeza no outro dia seria uma sensação estranha de perda irreparável.

Os dias seriam tristes, haveria que orar muito, pedir forças pra expulsar essa dor desconhecida. Armando e Aguimar saíram para o pátio olhando as estrelas, um nó na garganta impedia de falar.

Depois dessa reunião quando todos voltaram aos seus locais de origem, Solano de Spásia dirigiu-se à gruta, se postou de joelhos diante da Cruz pediu perdão pela tristeza que estabeleceu em si em ver seus amigos sofrerem, pela sua pequenez diante de Jesus e de suas fraquezas íntimas.

Ali no Penhasco na verdade todos eram sofredores, carente do amor maior não importava em que plano se encontravam tanto a luta íntima como coletiva, seja no plano físico ou espiritual, as colônias assistenciais desempenhavam papel fundamental a todos.

Evolução é trabalho árduo assim como um ferreiro que molda o ferro a fogo e bigorna, nós moldamos nossos sentimentos e reparações entre vidas e vidas, a dor é companheira constante.

O amor aos nossos irmãos, a comiseração estabelecida em nossa mente é o resultado Divino desse trabalho, somos todos irmãos filhos do Pai.

Uma luz nesse momento iluminou a gruta e a paz se fez em seu coração renovando forças para o próximo passo! Muitos irmãos necessitados estavam a suas espera, o trabalho não tem fim. Que Deus o iluminasse e seus amigos tão queridos, esses colaboradores do bem que fossem abençoados.

A jornada terrena dos espíritos que lhes são caros, os residentes do Penhasco de Gisé com certeza seriam de sucesso, a espiritualidade maior com seus anjos protetores dando a cada um segundo suas obras!

Alberico recuperado após seu desencarne, com suas conquistas e derrotas já se encontrava em sua colônia de origem, era gratificante saber que pelo menos uma parcela foi conquistada, não abandonou Laura como havia prometido. Dessa vez saiu vencedor!

Miguel e Laura ainda dormiam, seus despertares seria breve, já conseguia antever a felicidade conquistada por esses irmãos, deixados para trás em nome do amor próprio e do respeito íntimo, poderiam agora elevar seus pensamentos a Deus sem tanta culpa.

Seriam livres para amar e dar amor os seus semelhantes novamente.

Beethoven levantou cedo. Há dias Artur quase não aparecia no abrigo, chegara o dia do parto de Paola, estavam todos felizes, nasceria Mariana a expectativa era grande. Mas como Paola não andava bem de saúde resolveram cuidar de tudo em seu lugar, e Beethoven levantou descontente, uma angústia que ha muito não sentia, pensou ser possível até presença de sofredores, ligado a senhora Dora.

Sim, por que essa era digna de pena, Jonas conseguiu passar adiante sua mágoa e ajudá-la. Foi muito complicado fazê-la entender que não havia retorno conjugal.

Apareceu diante dele a mesma Dora, como se ela tivesse saído e voltasse a tarde no fim dia, em vida normal. Jonas alugou uma casa pequena em outra parte da cidade, todas as despesas eram por sua conta, mas não conseguiu relacionar-se com ela.

Quando precisava socorrê-la de alguma forma Beethoven vinha em socorro ao seu amigo. A mente de Dora estava desalinhada, vivia abaixo de remédios, sem compromissos perdera a vaidade, andava desarrumada e não conseguia contar como chegou ali e nem por onde andou!

De uma coisa Beethoven sabia, ali estava um verdadeiro sofredor, sentia um frio na espinha quando ela começava a falar coisas desconexas, pedaços de sua vida com os olhares vagos.

Meu Deus por um triz ele não ficou assim!

Saiu cedo e foi levá-la ao psiquiatra. Havia consulta marcada, depois dessa missão, passaria na oficina por que o carro estava ruim. Só no final do dia retornaria ao abrigo e com certeza a angústia já deveria ter sumido. Iria comemorar com todo mundo o novo integrante do abrigo.

A menina Mariana para a felicidade de seu amigo Artur.

Cada um ali no abrigo desempenhava sua função com responsabilidade, quanta honra para Beethoven pertencer a esse lugar, no fim do dia ele estava feliz.

Dora estava melhor segundo o médico. Os remédios foram diminuídos, se continuasse assim, com os passes e tratamento logo ela se recuperaria, afinal ele se recuperou!

Ao virar a esquina viu uma movimentação diferente no abrigo, entrou e foi parando o carro. Pelo rosto de Jonas, era ruim. A notícia triste nem o deixou sair do carro, suas pernas não comandavam.

Seriam dias amargos para todos, como meu Jesus, um homem tão bom merecer um destino desses?

Se ele pudesse tomaria o lugar de Paola, por que Deus não fez essa troca?

A vida do seu amigo seria difícil e ninguém iria conseguir repor essa perda!

Do pouco entendimento que tinha da espiritualidade, os fins justificam os meios, mas o quanto eram tristes certos fins.

Com certeza Bentinho já se encontrava com seu inseparável amigo Artur. Desceu do carro e caminhou ate o fim do jardim, já era final do dia, segundo seus amigos em todas as religiões essa era Hora de Maria!

Caiu de joelhos, abriu os braços, pediu misericórdia pelo seu amigo, pelos seus filhos e sua companheira. Os integrantes do Lar dos Amigos juntamente com ele elevaram seus pensamentos a Jesus rogando proteção.

Por um momento sua inteligência parecia abrangente, era como se entendesse a saga da vida de cada um.

Todos nós, evoluídos ou não somos caminheiros.

Infinita parece a dor quando erramos.

Infinita a satisfação em sermos corretos.

Infinitas são as oportunidades vindas de Deus.

A fé e o conhecimento; são esses os únicos caminho que nos dão suportes em horas dessas.

Que Jesus e Maria protegessem a todos nós, andarilhos do Universo!

Fim

Sobre o Autor

Quando nosso querido Brasil iniciava seus anos de colonização as noticias corriam de boca a boca pelas ruas de Marselha sobre a descoberta de novas terras.

Nos becos e ruelas entre a chuva úmida sem trégua ou a nevasca torrencial, os deserdados da sorte disputavam os velhos sótãos dos casarões e cubículos para suas moradas.

Joseph Rooder vivia em carência absoluta com sua esposa e cinco filhos, laborava pequenos serviços, alguns escusos, uma luta entre a dignidade e a fome. Sua companheira prestava trabalhos domésticos em troca de roupas velhas, restos de comidas e algumas escassas moedas.

Um dia no ato de seu trabalho caiu de uma marquise que lavava quebrando a coluna e ficando para sempre nessa vida sem andar. Rooder, angustiado, tomou o caminho mais fácil, saindo pela manhã nunca mais voltou, abandonando sua família caminhou por guerras que não eram suas, perambulou por quase toda Espanha, chegando finalmente em Portugal.

Partiu em uma expedição em direção as terras dos Brasis.

Aqui chegando, depois de dias sem trabalho, ingressou em uma das expedições dos Bandeirantes, adentrando o território, desbravando as matas virgens, esquecendo seu passado de vez.

Doze anos se passaram vindo a perecer pelas mãos dos índios Potiguares em luta pela sobrevivência.

Suas futuras existências, carregadas de culpas, foram sendo elementos saneadores em nome da paz interior.

Hoje em estado de relativo conhecimento espiritual e amparado pelo seu Mentor, obteve a graça de nos brindar com esse belo conto, entre o testemunho de nossas vidas materiais e a projeção da evolução espiritual de cada um.

Relatando a jornadas de irmãos que, como eles trilham os caminhos evolutivos.

Carlo Abrano viveu uma de suas existências sendo o nosso querido Alberico narrado nesse conto!

Leo Fernandes

Todos os nomes são fictícios assim como os lugares geográficos.